自信地与他人交往　自如地

人际关系心理学

王学胜◎著

煤炭工业出版社
·北　京·

图书在版编目（CIP）数据

人际关系心理学/王学胜著．－－北京：煤炭工业出版社，2019（2019.8 重印）

ISBN 978－7－5020－7325－1

Ⅰ．①人… Ⅱ．①王… Ⅲ．①人际关系学—社会心理学—通俗读物 Ⅳ．①C912.11－49

中国版本图书馆 CIP 数据核字（2019）第 054826 号

人际关系心理学

著　　者	王学胜
责任编辑	高红勤
封面设计	陈广领
出版发行	煤炭工业出版社（北京市朝阳区芍药居 35 号　100029）
电　　话	010－84657898（总编室）　010－84657880（读者服务部）
网　　址	www.cciph.com.cn
印　　刷	三河市宏图印务有限公司
经　　销	全国新华书店
开　　本	880mm×1230mm $^1/_{32}$　印张　6　字数　160 千字
版　　次	2019 年 4 月第 1 版　2019 年 8 月第 2 次印刷
社内编号	20181540　　　　　　定价　29.80 元

版权所有　违者必究

本书如有缺页、倒页、脱页等质量问题，本社负责调换，电话:010－84657880

前言 / PREFACE

成功学大师卡耐基通过长期的研究，得出一个结论："一个人的成功 85% 取决于人际关系，而只有 15% 的概率需要依靠专业知识。"这也就意味着，我们在提升自己基础知识的同时，还不能忘了好好经营人际关系。或许，一个好的人际关系网，在我们未来的人生中会发挥极大的作用。

为什么说认识的人越多，或者说积攒的优质人脉越多越容易成功呢？从信息层面来讲，你的人脉圈就相当于你接受信息的渠道。从学校毕业以后，我们大部分时间都在公司和家里，接触到的信息多半来自同事和家人，那么，你额外建立的人脉，就成了你接触社会的触角，这些触角向你输送各个行业、各个层面的信息。而当下是一个大数据时代，你接受的信息越多，掌握的信息面越广、越准确，你就会有更多发展的机遇和可能性。

你的人际关系网便是你的信息情报站，人脉有多广，发展的平台就有多大。当然，前提是这些人并不是滥竽充数的酒肉朋友。

人际关系的建立或许在很多人看来既浪费时间，又不知道回报的期限在哪里，他们宁愿独处也不愿去拓宽自己的人脉。但是，守着自己的一亩三分地就如同井底之蛙一般，看到的世界只有井口那么大，这一步迈不出去，自然也就无法看到更大更广阔的天空。

生活中人脉非常重要，有用的人脉，可能一个不经意就直接将你的人生推上了高峰。生活里，处处都是因缘机遇，对待每一人我们都不应忽视，不要轻视任何一人，也不要错过任何一个可以助人的机会。也许，遇见的那个人就是改变你生命的"贵人"。

本书正是从人际交往的技巧角度，帮助你在人际交往过程中准确把握别人的心理，有针对性地与之沟通，进而拥有更好的人际关系，抓住生命中的每一位"贵人"，走向成功。

作者

2019.4

目录 /CONTENTS

第一章　群居社会，人际交往很重要

他人力量是东风，借借更成功 / 003

平时经营人缘，有事自会逢源 / 007

自己走一路，不如贵人扶一程 / 012

群居社会，和谁在一起很重要 / 017

没有朋友，谁会为你推广酒香 / 020

第二章　拥有优秀人际关系的自我心理修炼

"人际"之固在德不在利 / 027

自省心理：人际交往中的自我定位 / 032

印象管理：打造你的专业形象 / 037

木桶定律：重视人际交往心理的短板 / 042

宽容心理：厚德载物，雅量容人 / 047

第三章　懂点交往心理，学点交往智慧

相似效应：快速拉近你和别人之间的距离 / 055

混沌心理：糊涂在脸，伶俐在心 / 060

转化心理：要善于化敌为友 / 065

长线心理：要懂得放长线钓大鱼 / 069

皮格马利翁效应：热切的希望可以变为现实 / 074

第四章　这些心理雷区不要碰，人际交往才能拎得清

首因心理：别让第一印象减分 / 081

投射效应：以己度人，不如以人度己 / 086

晕轮效应：别让外在假象迷惑你 / 091

贴标签效应：别让成见干扰你的判断 / 096

暴露效应：别把自己"裹得太紧" / 099

面子效应：别为了面子让自己变成棋子 / 103

第五章　会求人办事，是一门人际交往的艺术

求人办事，先要示弱 / 111

求人办事，要找准时机 / 115

事后要跟进，将关系变成人情 / 120

礼物送对了，小礼也能帮大忙 / 124

找对人，让事不难办 / 128

第六章　说话有温度，与人交往才能有热度

一句良言，如同是三冬暖阳 / 135

口中存有善意，别人自然报以暖意 / 139

君子之交，不出恶声 / 144

说话留余地，做事才从容 / 149

说话幽默，你会更受欢迎 / 152

第七章　职场即社会：工作中的人际交往心理

与上级相处心理：宁可远，别太近 / 159

与同事相处心理：多打招呼少说话 / 164

与异性同事相处心理：办公室恋情要不得 / 169

与下级相处心理：不偏不倚，一视同仁 / 174

聪明人懂得推功揽过 / 179

第一章

群居社会，人际交往很重要

他人力量是东风，借借更成功

在日常生活中，我们常常会因为怕麻烦别人而选择自己解决问题，甚至有些问题一拖再拖，宁愿放在那里任其搁置，也不愿意开口向他人寻求帮助。或许，有人觉得当下社会的人情冷漠，但更多的还是因为他们在内心自我设限，总觉得开口麻烦别人，便是欠下了一个人情。可是事实上，人情上的你来我往只会让彼此的关系更加深厚，因为被人需要也是一种价值体现。

曾听过这样一个故事，一位老师给同学们出了一个题目，他是这样说的："有甲、乙、丙、丁四个人，他们都身无分文，但是他们都欠着外债。甲欠乙100元，乙欠丙100元，丙欠丁100元，这个丁欠甲100元。也就是说，这四个人都是债主，同时也都是欠着外面100元钱的人，这个时候用什么样的方式可以解决这样一个矛盾，使得这四个人互相没有财务纠纷呢？"

同学们听完面面相觑，大家都觉得很有意思。甚至有人提出，干脆让这四个人碰面得了，坐下来聊一下，然后互不相欠不就万事大吉了吗？丁欠甲的钱，让甲找丙要，丙欠丁的钱，让丁找乙要，这样一来，这笔账就落在乙的头上，让甲找乙要那100

元钱,可事实上,甲本身就欠乙100元钱,这样一来不就扯平了,问题也就解决了呀!

"可是现实生活中,债务问题真的能这样解决吗?"老师的反问让同学们再一次陷入沉思。

就在这个时候,有一个同学说道:"让甲找一个人借100元钱还给乙,这样乙还给丙,丙还给丁,最后丁还给甲,这100元钱最终还是落到甲手里,甲再把这个钱还给他借钱的那个人不就可以了吗?"

此话一出,同学们恍然大悟。老师笑道:"没错,这个解决办法是最好的。再借100元钱不就解决问题了吗?大家都把眼光聚集在了矛盾本身,而没有把眼光看向矛盾之外。甲乙丙丁这四人很显然不是组成世界的所有部分,在这四个人之外还有更多的人,他们才是这个世界的巨大力量所在。同学们,当你们踏入社会之后,要学会用'借'的力量来解决自己遇到的麻烦,尤其是当你们用自身的力量解决不了问题的时候,'借'的力量将会是最有效、最有力的!"

故事中老师的那一番话至今还深深地印在我的脑海里,"借"或许听起来不太妙,但事实是,在日常生活中能够善于借助他人的力量,的确会让我们少走很多弯路。

肖飞和陈宇都是法律系毕业的,他们俩是一所大学的学生,也是非常要好的朋友。因为法律属于文科,对于别的理工、电子以及经济方面的知识相对匮乏。肖飞和陈宇在生活上都是属于比较自律的人，兴趣爱好也都相似，两人关系很铁。虽然有诸多相似，但是这两人在结交朋友的态度上却大相径庭。

肖飞喜欢结交一些其他领域的朋友，交友十分广泛，像互联网精英、金融男、医生等都在肖飞结交朋友的范围内，甚至可以看出肖飞在这方面比较注意，他会刻意去结交不同领域的朋友。但陈宇就与之相反，他结交的朋友多来自各大律所，或者是其他名校法律专业，在自己的专业领域内如鱼得水，身边的朋友对他也都十分崇拜。

时间一久，两人的社交圈渐渐就发挥了不同的作用。肖飞家里长辈生病了，他就能给医生朋友去通电话，咨询一下相关的建议；自己要做投资，对于目前市场上的投资前景不明晰，找个投资行业的朋友聊两句，这样也就不至于盲人摸象；想买个新的台式电脑，找互联网行业的朋友咨询一下组装配置，在合理的价格内能配到一套十分不错的组装机。这些朋友，在需要法律方面的帮助时，也都不约而同地会选择向肖飞寻求帮助。

另一边的陈宇则相对独来独往得多，在法律方面自己已然十分了解，甚至因为先天的优势，比很多同龄人要出彩很多。身边结识的那些圈内朋友的意见，到了自己这里完全派不上用场，一来二去，虽然别人会向自己寻求帮助，但是对方完全帮不上自己的忙，有时候自己在忙时，甚至会因为别人的打扰而感到困惑。前不久，陈宇晚上在家里写案件回顾，结果电脑出了点问题，一时间连个能帮助解决问题的朋友都没有，找外面的维修人员又因为时间太晚，没有人提供上门服务，最终使得工作因此延迟了一天。

就这样，时间一天天地过去了，两个老友再见面时，肖飞已经成了某大型律所的合伙人，而陈宇只是某律所的资深律师，此时一比较，高下立现。肖飞自己也毫不避讳地指出了老朋友陈宇身上的问题："你呀，就是太轴了，什么事情都喜欢自己解决。有时候多认识一下不同行业的朋友也是不错的选择，你来我往的，互相帮助，日子都便捷不少。"

陈宇听了连连点头，笑道："可不是嘛，上次我在电脑方面就吃了个大亏。要是有个精通电脑方面的朋友，也不至于那样被动。"

古人都深知善于借助他人力量的重要性。荀子在《劝学》中就说道："假舆马者，非利足也，而致千里；假舟楫者，非能水也，而绝江河。君子生非异也，善假于物也。"意思就是说，借助车马的人，并不是脚走得快，却可以到达千里之外；借助舟船的人，并不善于游泳，却可以横渡江河。君子的资质秉性跟一般人没有什么不同，只是他们善于借助外物罢了。

古往今来，借助他人的力量而成功的例子数不胜数。

一个人的力量毕竟是有限的，想要成功，还是要学会向他人寻求帮助。正如李白在《上李邕》中写到："大鹏一日同风起，扶摇直上九万里。"大鹏纵然是神鸟，但是也要借风而上，才能飞到九万里高。

人际交往中学会借助他人的力量，或许你脚下的路将不那么难走！

平时经营人缘，有事自会逢源

古话说得好："三个臭皮匠，胜过诸葛亮。"一个人的力量是有限的，很多时候我们凭借自己的力量固然也可以达到某个高度，但是这个社会里总是会有部分人能够轻易实现弯道超车，用比自己更少的时间达成更高的成果。他们虽然有自己的实力，却也不乏贵人的提携。贵人从哪里来呢？贵人从人脉圈中来！

我们都有自己的人脉网络，关系维系得好将成为人生的巨大财富。这笔财富是无形的，但是这笔无形的财富浸润着你的整个生活，利用得好便能从无形转到有形，成为人生道路上的助力。

世界一流的人际关系资源专家哈维·麦凯就是利用了自己的人际关系来推销自己，让自己站到了金字塔的顶端，并彻底改变了自己的人生。

哈维·麦凯刚大学毕业就陷入了失业的队伍。当时正处于经济大萧条时期，工作并不那么好找，尽管他是一个大学生。哈维·麦凯跑了很多家公司面试，但最后都因为经济不景气、大多公司处于裁员时期而被拒绝。在走投无路之际，哈维·麦凯想起了一个人，一个叫查理·沃德的制造业大亨。这个人曾经得到过他父亲的帮助，为了报答他父亲，给了他父亲一些承诺，其中就包括帮他们解决就业的问题。

哈维·麦凯的父亲是一名财经记者，当时的查理·沃德是全球最大的月历卡片制造公司布朗·比格罗的董事长。因为一些财务方面的问题，沃德入狱服刑。哈维·麦凯的父亲当时很关注这件事情，经过一些调查和取证，发现关于布朗·比格罗公司的税务问题并不严重，且一些关于董事长查理·沃德的报道也有些失实。所以，麦凯的父亲亲自去监狱对沃德做了一次详细的采访，沃德对此十分感激。

查理·沃德出狱之后的第一件事情，就是邀请麦凯的父亲共进晚餐，以表谢意。麦凯的父亲带着麦凯一同前往。当时在餐桌上，沃德对麦凯的父亲说，等孩子毕业之后，如果有兴趣做制造业的话，布朗·比格罗的怀抱随时向他敞开。

时间已经过去几年了，麦凯提醒了一下父亲这件事情。麦凯的父亲觉得可行，便抱着试一试的心态，让麦凯给查理·沃德打了个电话。

谁知查理·沃德听完电话之后，十分爽快地答应了下来，并说："明天上午10点，你直接来我的办公室面谈吧！"

哈维·麦凯为了这次面试做了十分充足的准备，包括应该如何开场，如何不尴尬地聊起父亲当时在监狱里为他做采访的事情。第二天去布朗·比格罗公司的时候，原本应该是一场面试的，结果却变成了非常轻松的聊天，麦凯和沃德像晚辈和长辈闲聊一样。

聊了一会儿之后，沃德透过落地窗指着对面的那栋大楼说道："我想安排你去直接管辖我们的分公司，就是对街的品园信封公司。"

就这样，在经济大萧条时期，在毕业生普遍找不到工作、工人面临下岗的时期，哈维·麦凯却轻松地拥有了一份工作，而且这份工作的待遇和薪水还非常不错。至少对于一个毕业生来说，是相当可观的。

时间再一次证明了这一次偶然的机会不单单是一份工作，更是一份事业。42 年之后，哈维·麦凯已成为全球最知名的信封公司——麦凯信封公司的老板，事业更是如日中天。

哈维·麦凯说过一句话："建立人脉其实就是一个挖井的过程，挖井的过程很辛苦，付出的是汗水，但得到的却是源源不断的财富。"

谁能想到，一个曾身陷牢狱之内的人能够成就另一个人的人生和事业？

我们总觉得，人脉的建立一定是要去维系那些财权在手的大人物，好像只有大人物才能帮我们解决未来那些不可预知的事情。但是事实上，"小人物"也一样能成为我们人生的助力。

张师傅的太太因病去世之后，张师傅就只能自己抚养小孩。

为了筹集学费，不得已将自己的房子出租出去，在委托房屋中介的时候认识了一个经纪人李女士。在合作的过程中，两人商谈十分愉快，并且张师傅给李女士留下了非常好的印象，至少在她经手的众多房东中，张师傅是最有责任心且乐于助人的。

后来张师傅搬去了桥西，与李女士的公司离得远了，双方联系渐渐变少。没过多久，张师傅上班的厂子因为经营不善破产了，张师傅不得不下岗分流，赋闲在家。

一次张师傅去桥东办事，恰巧碰见了李女士，两人闲聊起来。在知道张师傅的现状之后，李女士当即对张师傅发出了邀请，说自己现在的公司正在扩大，需要一个办理产权手续的工作人员，想让张师傅来做这个岗位。

当时张师傅嘴上应着说回家考虑考虑，其实心里想的是，自己跟李女士只是因为之前租房子的事情打过交道，之后的时间里并未深交，所以他把李女士发出的邀请当做玩笑话，并没有往心里去。

哪知道过了两天，张师傅刚办完事回家，就接到了一个陌生来电。

"张师傅吗？您好，我是小李，还好您没有换电话号码，我还是从之前的房东册上找到的您的联系方式的。不知道前两天我跟您说的请您到我们公司来上班的事情您考虑得怎么样了？"

这下张师傅才相信了李女士的邀请并非客套话，当即便答应了这份邀请。

后来李女士的公司越做越大,张师傅很快就晋升为桥西分部的经理。张师傅有问过李女士为什么两人不过接触几次,就会让自己来公司上班。她是这样回复的:"办房产手续是一个非常重要的岗位,交给陌生人不放心,之前跟你打交道时发觉你是个特别细致的人,不仅热心肠,而且很有责任心,交给你来做再合适不过了。"

张师傅心有感触:"朋友多了路好走,这句话真是一点儿都不假。"

有句话说得好:"在家靠父母,在外靠朋友。"在我们的生活、工作上总会遇到各种各样的事情,有的时候单枪匹马并不能解决问题。这个时候,就需要朋友来帮我们出谋划策,甚至伸出援助之手。

哈维·麦凯的例子和张师傅的故事都十分真切地说明了人际关系的重要性。世界首富比尔·盖茨也曾说过:"一个人永远不要靠自己一个人花100%的力量去做一件事,而是要靠100人一起,每个人花1%的力量去做更多的事情。"

你社交圈的宽度,决定了你生活和工作的宽度;你人脉的密度,决定了你生活和工作的高度。成功人士常常强调人脉、圈子的重要性,因为他们深知人多力量大的道理。

如果你以前没有意识到人脉的重要性,或许从现在开始经营还不算晚。

你遇到的每一个人或许都会在未来的某一天给你的生活添上

浓墨重彩的一笔。我们应该怀着一颗进取的心，积极正面地对待生活里遇到的每一个人，他们的出现，是生活给予我们的无形的财富。

有"目的性"地交友，或许会让你实现生活的弯道超车，无形的财富终将有一天化为有形，因此，好好经营你的人脉吧！

自己走一路，不如贵人扶一程

我们总说，人生的路要自己走，从白天到黑夜，从迷惘到豁达，从失意到释然。好像人生路上的怅然若失与意气风发都应该是独自一人去经历，才是生活的常态。失败的苦涩、成功的甜蜜、相聚的欢喜、离别的惆怅，这些情感的堆积也只有一个个去体会，人生好像才显得完整。可是，人生路上，一个人的路虽然完整，但一群人的路才叫做精彩。

人在成长过程中无法避免地会遇到形形色色的人，这些人或许只是过客，但是有些人却会成为你人生的助力。自己走一路，不如贵人帮扶一程来得轻松高效。

23岁的小张大学毕业后，没听从父亲的建议，放弃了老家父亲安排的工作，毅然决然地要做北漂，要去大城市闯一闯。来到

第一章　群居社会，人际交往很重要

北京之后，在一家小公司找到一份工作，还算应付得来，月薪不过3000元左右，就这么混了一年的光景。老家一起毕业来北京的兄弟梁子建议他一起去卖房子，他笑笑说卖房子太艰难，北京的房子也不好卖，委婉地拒绝了梁子。

24岁，小张在北京谈了个女朋友，从二环的宿舍里搬到了香山，虽然是平房，但好歹是二人世界，你侬我侬。偶然三五朋友约一约，打扑克搓麻将，日子倒也快乐似神仙。

25岁，调了几次岗，出过几次差，工资不过是调了几百元。在飞涨的物价面前，被打击得体无完肤。看场大片儿电影得等到快下线，吃个哈根达斯的冰淇淋还得犹豫盘算半天，更别提给女朋友买件大牌儿了。一转眼，已是年关。

27岁，女朋友忽然想明白，不愿意再跟着自己的爱人山高水长地过穷苦日子，于是两人分了手。小张全身上下只剩300元，一个人飙歌到天亮，回到香山的小平房，发现这三年来什么也没有留下。

28岁，公司扩张，招进一批新员工，年纪比自己小，工资、职位却都比自己高，一时间小张心生郁闷，毅然辞职。想要旅游散心，可手里没有闲钱。无奈之下，只能回趟老家休息休息。一众老友听闻小张要回去的消息，特意凑了个局，一帮朋友聚一聚。一聚会才知道差距，官员、老板、教授、海归……不过五六年的光景，想不到已是天翻地覆的变化。

就在小张怅然若失的时候，包厢的门被推开了，进来的是老兄弟梁子。他旁边站着的是他的女朋友，模样俏丽秀气，让人眼前一亮。

"来晚了，路上堵车。介绍一下，这是我未婚妻方婷，现在在北京一个律所当律师。"梁子轻描淡写地说道，随手放下的印着宝马 logo 的轿车钥匙闪瞎了小张的眼。

顺着梁子放下钥匙的手看去，他手腕上是几万元的手表，手上拿着的是爱马仕的钱夹，腰间的皮带也是国际大牌……

都是同年毕业，也是一起去北京打拼，却不想一个是天，一个是地。

"梁子你可以呀，这事业做得风生水起，还携得美人归，爸妈该喜得合不拢嘴了吧？在北京做的什么好事，有没有路子带着哥几个一起搞一搞。"一个朋友说道。

梁子笑了笑，接过朋友的话。听完他的陈述，小张的头埋得越发低。

"我也当过北漂，那段日子真是不堪回首啊！后来，我认识了一位做房地产的朋友，听从他的建议，在一家房地产公司做置业顾问。过了两年，我晋升为项目经理，也找了个做律师的女朋友，两人小心地规划着未来，空闲时常常约三五好友聊聊投资，找找增加额外财富的契机。26 岁时，一家猎头公司抛出 30 万的年薪，挖我到另外一家房地产公司做项目经理。后来，这家公司的同事辞职创业，拉我做合伙人……现在，我们公司步入正轨，我也计划年底结婚……其实呀，我一路走到现在，都是遇到贵人的帮扶。也许,一个建议、一份邀请,都能改变人生呢。"

小张听到此处,心中万般无奈涌起,一时间找不到出口,如鲠在喉,难以言说。

恰在这时候,梁子转开了话题,又问了另外一个朋友的境况,笑道:"听说你小子现在是总经理了?你可以呀!"

那人笑着接过话,说道:"我和你一样,其实也是路上遇到贵人了。说到这事儿还多亏小张他爸,当时的那个承销商公司的工作本来是让小张去的,他不是后来去北京了嘛,他爸就说干脆把这个机会给我。再说我也不想离开老家,索性就去了呗。后来公司在北区成立分公司,就让我过去了。"

"哎,对了,小张,你现在在北京搞啥呢,也不跟哥几个联系。"那人忽然把话锋转到了小张身上。

小张木讷起身,匆匆忙忙地从口袋里掏出手机,说道:"我出去接个电话。"

小张握着手机快速离开座位,就像座椅上架着火盆,铺着针毡,让他坐立难安。他来到饭店的外面,空气里都是酸涩的味道。

父亲的建议、梁子的邀请……这一切的一切,好像都与自己擦肩而过。如果不是自己一意孤行,现在坐在饭桌上谈笑风生的人会不会就是自己了呢?

回过头看自己北漂的这五年,落下了什么?女朋友没有了,工作没有了,也没存到钱,就连普通的同学聚会,也对自己的经历难以启齿。生活走到这般境地，说到底不过都是自己的原因。

小张的状态似乎是当下大多数城市人的状态，心高气傲却又随波逐流。有一个高不可攀的梦想，却又不愿意听从他人的建议。如果他仔细听取父亲的建议，或许在北区当总经理的人就是他；如果他跟梁子一样，不因为害怕困难而加入置业顾问队伍，或许女朋友也不会跟他分手，现在他自己也不会落个裸辞的下场。

趋利避害是人性的常态，对于成功我们都很向往，但是对于成功路上必须经历的磨难我们却很抗拒。同样是租房住，梁子私下约三五朋友聊的是投资机会，小张约三五朋友玩的却是扑克麻将。除了要有善于利用身边资源的意识，还要有一个自律的人格。成功绝非偶然，人脉只是关键因素之一。

一个人单枪匹马听起来很酷，但是成功光环下的单枪匹马、独自奋斗才会被众人羡慕赞赏，没有成功加持的奋斗只会被人贬低为自作自受。而那些成功的人，不论他们是怎样走到今天这一步的，没有人会去在意他成功路上究竟搭乘了多少的顺风车，又利用了多少的人脉，大家看到的只会是最后的结果，最后他成功的样子。

英雄不问出处，你的成功会让人忽略掉你成功路上所经历的一切，不管它是光鲜还是难堪。可倘若你失败了，即便你在奋斗路上披荆斩棘、鲜血淋漓，大家也只会看到你结果的失败。这，就是生活的冷酷。

第一章　群居社会，人际交往很重要

自己走的路纵然潇洒，可略显孤单。我们要学会善于利用身边的资源和人脉，让他们成为自己成功道路上的推力。自己走一路，不如贵人帮扶一程。

无论你是20岁还是30岁，或者你已经40岁，问问你自己，接下来的路还要自己一个人走吗？

群居社会，和谁在一起很重要

在上个月的同学聚会上，我遇到了高中同学李明。在我的印象中，他读书的时候结交的是一些社会青年，后来读书成绩不太好就辍学了，再后来听说他跟随亲戚做些小生意。十多年不见，人大变了样子。现在的李明，表面上谦虚内敛，但又透露出一丝精明能干的气质。交谈中，李明说，他以往结交的那些朋友，基本都一事无成。后来，由于家里搬迁到另外一座城市，他们就没有再见过。他后来当了兵，在部队里面，接受了军人铁的纪律的锤炼。参军的这段经历里他有几个肝胆相照的战友，这些战友为人正直努力，现在合伙开公司，李明也顺理成章地与这些朋友在一起，为事业而打拼。

所谓"近朱者赤，近墨者黑"，人际交往中，和谁在一起，很大程度上将会影响一个人的未来走向，与优秀的人携手同行，则会催促自己不断变得更优秀。

小陈是我的远房亲戚，但自从他初中辍学以后，我们便很少见面了。过年亲朋好友聚会，谈到小陈时，大家一阵叹息。从朋友们的交流中得知，去年，在北京打工的小陈谈了个女朋友，这个女孩也是早年辍学，在社会上游荡多年。但是，她总觉得正经上班来钱慢，后来便加入了传销组织，还把小陈也拉入了传销组织。小陈以做生意缺启动资金为由，通过电话遥控转账，掏空了农村父母好不容易积攒的10万元养老钱，然后便再也联系不到人了。后来，亲戚们辗转从各处打探，才得知小陈被骗至安徽某地，加入了传销团伙。三五个父老乡亲使出浑身解数，最终才把小陈从传销团伙那里绑了回来。

为什么是绑回来呢？因为小陈至今仍觉得自己不断地拉下线是为了事业的成功，之所以还没挣到钱，是因为投入得不够多；女朋友真是为了帮助他成功，才带领他加入了传销组织的大家庭，如今早早地回来，是辜负了女朋友的一片良苦用心。亲戚们听罢欲哭无泪，只道传销组织害人不浅。

小陈陷入传销组织仍执迷不悟，这固然跟小陈本人不切实际的幻想有关系，然而更直接的原因则是他交友不慎。他在人际交往中选择错误，在女朋友别有用心的诱导下，在爱情和事业上陷入误区，不仅浪费了自己的宝贵年华，还连累父母损失了用以养老的资本。

第一章 群居社会，人际交往很重要

由此可见，与什么人在一起很重要。也许，交到损友，会让你一失足成千古恨；也许，交到"贵人"，会让你从此咸鱼翻身。

有这么一个司机，给一个有钱的富豪开车。他勤勤恳恳地给富豪开了30年的车，最终觉得自己年纪大了，可以安享晚年了，于是向富豪递交辞呈。富豪看着自己的司机，非常感激他的认真工作，于是递给司机一张200万元人民币的支票作为礼物。没想到，司机微笑着拒绝了。富豪再三赠予，于是司机解释道："一两千万的资产我还是有的！"富翁感到很诧异，他记得当初聘用司机的时候，对方家境非常贫寒，于是富豪问："你是怎么做到的？我每个月只给了你6000元工资，你不可能存下这么多！"司机回答说："仅凭工资确实不足以攒下这份家产，然而您经常在车上电话办公，您随口说的股票信息我都会留意，多少会买一些。承蒙您的点拨，我至今累计攒下2000万元的资产！"

看完这个故事后，我不禁为这位兢兢业业又聪明细心的司机感到折服。他没有被自己的起点和职位所限制，反而非常善于从身边有利的环境着手，把自己伸手可触及的信息转化为巨大的现实利益。如果不是足够细心的人，又怎能敏锐地嗅到在给富豪开车的过程中所蕴藏的巨大人生商机和增值机会呢？但是我觉得最重要的一点还不是这位司机的敏锐性，而是他是富翁的司机，他的老板是富翁，只有建立在这一基础之上，才会有后续故事的发生！在这里我们不必过分去追究这个故事的真伪，它只是很简单地告诉我们这样一个普遍的道理，那就是你是谁不重要，你和什么样的人在一起很重要！

　　人际交往就是这样，和什么样的人在一起，你就会变成什么样的人。然而选择是双向的：想和聪明的人在一起，你就得聪明；想和优秀的人在一起，你就得优秀。与正能量的人在一起，你也会沾染正气与力量。善于把握人生的机遇，并把它转化成自己的机遇；学最好的别人，做最好的自己；借人之智，成就自己，此乃人际交往的制胜法则！

没有朋友，谁会为你推广酒香

　　俗话说："在家千日好，出门一日难。"在职场人际交往中，如果没有朋友，那么职业生涯必定寸步难行；反之，如果在关键时候，有一个朋友愿意帮助你，则能解燃眉之急，说不定你还能成就一番伟大的事业！

　　我有个朋友小艾，是个知名画家。小艾的生活真是令人羡慕，她将自己的兴趣变成了职业，而且在北京这个房价逆天的城市里过上了有车有房的富足生活。当其他人还挣扎在职场的碾压之中，为了如何节省开支、攒钱买房、搞定丈母娘而费尽心机的时候，小艾已经嫁了个高富帅，走上了人生巅峰！

上周末，小艾在"798"举办了个人作品展，我受邀参加开幕式。晚上，几个朋友一起喝酒，看着衣着光鲜、出入豪车接送的小艾，有朋友忍不住跟她说："真羡慕你这种生活得自由自在，不用看人脸色，又能靠自己的手艺养活自己的成功人士！"其他人见说到这个话题，也纷纷向小艾取经。

小艾举起高脚杯，轻啜一口鸡尾酒，然后说："其实，我刚开始孤身一人来北京谋生的时候也非常艰难。那个时候，我住在一年四季见不到阳光的地下室，长年与老鼠为伴，如果没有对绘画的无限热爱，我觉得自己可能熬不过那段灰暗的岁月。我记得，一连两三年时间我没有卖出过一幅画，基本上靠着朋友的接济生活。最艰难的时候，我靠着一个煎饼果子过一天。就在我撑不下去的时候，偶然间认识了一位艺术经纪人。这位经纪人从我的画作中发现了我的天赋和才华，鼓励我一定要坚持下去。他买了我一张画，这帮我渡过了难关。为了打开我的知名度，他多次向他的朋友圈推荐我，并介绍我签约画廊。这次展览，也是他帮我策划的。所以说，有今天的一点成绩，我真的很感谢他的帮助。"说到动情处，小艾眼里竟泛出一点泪光。

"是金子总会发光的。"我们纷纷说道。

"我算是遇到贵人了，当然你们也是我的贵人。谢谢你们今天来参加我的个展，希望你们以后继续鼓励我。"小艾端起酒杯，真诚地说。

小艾遇到伯乐，才有了如今的成就。其实，很多大画家也都有过相似的经历，巨匠齐白石也是这样。

说起齐白石的大名，几乎妇孺皆知。他擅长绘制花鸟虫鱼，作品造型简练生动，并且意境淳厚朴实，天趣横生。在成名之前，齐白石的画作基本上卖不出去，然而现在，齐白石的作品《山水十二条屏》被拍出了人民币 9.315 亿元的天价！说起这一切的转机，不得不提陈师曾！

陈师曾，又名陈衡恪，与齐白石亦师亦友，正是他的发现和提携，极大地激发了齐白石的创作才能，使其没有被历史洪流所淹没，造就了齐白石在中国现代绘画史的无与伦比的重要地位。齐白石 55 岁的时候，在书画界仍然十分落寞，名不见经传，自己辛苦画出的作品低价出售还无人问津。彼时陈师曾早已享有盛名，蜚声国内外。

早年，齐白石到北京谋生，然而他的作品风格冷逸，不被当时主流画坛所接受。他的生活非常困顿，为人又比较愤青，时常自嘲："冷逸如雪个，游燕不值钱。"陈师曾偶然间看到了齐白石的篆刻作品，认为这个人非常有才华，深深地被他所吸引，于是专门找到齐白石，想要与他结识。

陈师曾仔细地观赏了齐白石的《借山图卷》等画作后，非常惊讶，认为齐白石的画风清新淡雅，别具一格，于是鼓励齐白石坚持自己的创作风格，不必随波逐流，后世必将会发现齐白石画作的价值。陈师曾的鼓励给了齐白石极大的信心，于是齐白石研究并变通画法，自成一派，陈师曾与齐白石也因此成为知己。

1922年，作为书画泰斗的陈师曾受到了日本画家的邀请，参加中日联合举办的绘画展览。在这个难得的场合里，陈师曾特意带去了几幅齐白石的山水画。在这个展会上，齐白石的画作被卖到了极高的价格。此外，陈师曾还经常将齐白石的画作推入当时的国际顶级艺术展，逢人便说齐白石，为推广齐白石的作品不遗余力，齐白石因而得以跻身一流画家之林，身价倍增。

这种难能可贵的提携，对于齐白石而言，无疑是绝无仅有的！齐白石曾说："能和陈师曾做朋友，是我一生最可纪念的事。"可以说，没有陈师曾就没有齐白石！

2018年5月5日，作为伯克希尔·哈撒韦公司的董事长，时年88岁的股神巴菲特和94岁的副董事长查理·芒格再一次共同面对所有出席嘉宾，包括现场股东、各国记者和专业的经济分析师们，并回答其所提出的尖锐问题。其实这种场面对于查理·芒格以及股神巴菲特而言，已经非常熟悉了。

每当这个时候，一场Cosplay就要开始了，通常的表演是这样的：巴菲特首先回答现场问题，并且根据情况决定发言时间。结束发言前，他会习惯性地转向查理·芒格："查理，你还有什么要补充的吗？"芒格则非常坚定地端坐在那里，并且回答得简单而直率："没什么要补充的。"这个时候，巴菲特才会结束自己的发言，否则他一定会把时间留给查理·芒格。

"查理·芒格是我的眼睛和耳朵，在寻找性价比高的公司方面，他对我的影响非常重要。"巴菲特不止一次地表示，两人一直精诚合作，正是在查理·芒格的帮助下，他才能创造出举世瞩目的辉煌投资业绩。在巴菲特看来，芒格是自己最具默契的创业伙伴，在很多重大的决策上，"他比我拥有更强的理解能力，并且能很快地把握事物精髓"。

巴菲特曾经这样评价查理·芒格："他是比我更聪明、更有智慧的人。找到他之后，他从不炫耀自己的高明之处。其次，在我犯下损失惨重的错误的时候，他既不会去做无聊的事后诸葛亮，也不会因为我没有听从他的意见而生气；同时，查理·芒格还是一个非常慷慨大方的人，他会投入自己的钱并努力为你工作而不计报酬。如果没有查理·芒格，我可能不会成为股神！"

纵观上面三个故事，在人际交往中，朋友的重要性不言而喻：如果没有艺术经纪人这个朋友，小艾绝不可能在短短的几年里取得巨大的成功，甚至可能由于坚持不下去而改行；如果没有陈师曾的鼓励与提携，齐白石很难在五六十岁的年纪，再度焕发出对创作的激情；如果没有沉默的查理·芒格，股神巴菲特的传奇或许也不会存在。正是因为有了这样的朋友，让深藏在巷子里的美酒香飘四溢，为人所知，为人所称道！

第二章

拥有优秀人际关系的自我心理修炼

"人际"之固在德不在利

我们都知道人际关系在生活中的作用非常重要。好的人际关系会让你的生活、工作顺风顺水，而不和谐的人际关系会让你在社会里如履薄冰。但是，并不是每个人都能妥善经营好自己的人际关系。

有人说，人际关系的维护需要阿谀奉承，这样一来别人才愿意与你保持亲密的关系；有人说，人际关系的维护需要虚与委蛇，这样一来才让你在人际交往中八面玲珑；有人说，人际关系的维护需要利益交换，这样一来才能让你想办的事水到渠成。

可是，大家是否想过，那些在阿谀奉承、虚与委蛇这些贬义词之下维系的人际关系，又是否能牢固呢？

种瓜得瓜，种豆得豆，你对生活付出了什么，生活便回报给你什么。你对它随便，它就对你随便；你对它诚恳，它便回报你诚恳。人际关系亦是如此，你阿谀奉承、虚与委蛇地对待社交关系，那么迟早有一天，这关系会悄无声息地破碎。人际关系的牢固之道，在于品德。

几年前，周洁有幸进入一家规模很大的广告公司工作，这家公司是诸多市场营销专业的学生梦寐以求的实习之地,在高薪和高晋升空间的前提下,竞争也十分激烈。

当时的广告策划部有 A 跟 B 两个项目组,周洁当时分到了 A 组,A 组的项目经理为人严肃又苛刻,经常为了赶项目进度召集大家一起加班,一连加班好几天,也从没有任何的表示。但是同样是一个部门的 B 组,他们组的气氛则跟 A 组完全不一样,加班时项目经理经常点一些吃的喝的给大家,周期性地加完班之后还会带大家去聚餐唱歌,工作上 B 组的经理从来都是笑嘻嘻的,跟A 组的经理完全是两个样子。

偶然一次,周洁在公司吃午饭时碰到了李丹。李丹是周洁进入这家公司后认识的第一个同事,是位老员工,但是丝毫没有因为周洁是新员工而刁难她,私下里对她也十分关照。于是,吃饭时周洁就自然而然地向她抱怨了起来。

"丹丹姐,我觉得我们组的经理真的是太不近人情了。你看看 B 组,他们项目经理特别好,组员加班还点吃的喝的,加完班还带出去聚餐娱乐,哪像我们组长,一天到晚就是工作,从来都不苟言笑。"

李丹抓起筷子,在面前的菜碗里拨了拨,意味深长地说道:"你看这些菜,虽然看起来色泽鲜艳,但是不一定有营养。"

周洁不太理解李丹话里的意思,有些云里雾里。

"时间长了,你就明白了。"李丹笑着说道。

2008 年的时候,金融危机的爆发让公司的业务受到了巨大冲击,在经济压力下,公司不得不将策划部的小组裁掉一个,只留下一个组做业务。

一时间人心惶惶,大家都生怕自己所在的组被公司裁掉。

周洁组的经理照常上下班,照常组织大家加班赶项目做策划案,一切都安排得井井有条,似乎丝毫不被公司要裁员的消息所影响。不过说来也是,他一向如此,严谨古板,很少因为什么事情出现较大的情绪起伏。

突然有一天,不知道哪里来的消息,说B组经理的一个亲戚在公司里做董事,这一下让周洁组的人炸开了锅。如果B组的项目经理跟公司董事是亲戚,有了这层关系,还比个什么劲儿呀,裁员肯定是裁掉他们了。

消息在公司里很快就散播开来,大家窃窃私语,B组的成员很快也知道了这件事情,大家一副看好戏的样子。

屋漏偏逢连夜雨,就在这个节骨眼上,周洁组出的策划案被甲方否定了,但是B组出的策划方案却奇迹般地被甲方采纳了。虽然明眼人都看得出来,周洁组的策划案要更胜一筹。

到这个时候,周洁组的气氛越发紧张起来。正当周洁想要寻求心里倾诉时,李丹却意外地离职了。

更让人意外的是,月底公司突然出了内部通报邮件,B组因为违纪违规被全体辞退,B组经理也引咎辞职。

看到这封邮件时,周洁才意识到今早9点的办公室显得格外空旷的原因,不是因为像往常一样B组的人都迟到了,而是B组的成员已经不会再来这间办公室办公了。

晚上,李丹打电话给周洁,说要请她吃饭。周洁欣然前往,对于这个私下对她诸多关照的前同事,她当然愿意继续交往下去。

在饭桌上,周洁才知道一切并不像她看到的那么简单。原来,B组被辞退不是因为裁员,而是因为李丹的举报。

"你真的以为B组的经理像大家看起来的那样吗?"李丹笑着说道。

听了李丹后面说的话,周洁才恍然大悟。

原来,B组的经理虽然平时看上去笑眯眯的,但实际上却人品不端。请组里的员工出去聚餐唱歌,经常都是虚报账目。李丹之所以会知道这些事情,是因为李丹的妹妹在B组经常去的那家KTV上班,很多次虚报账目都是李丹的妹妹操作的。

A组的项目经理虽然平时看起来严肃,但是实际上常常不动声色地帮助同事,比如李丹母亲生病,需要用钱的时候,A组经理二话不说就把钱借给了她,并且告诉她不着急还,平日里上下班也对她相对宽松,让她有时间照顾母亲;比如公司一个新来的同事在操作项目时不小心捅了娄子,本应引咎辞职的,经理却出面摆平了这一切,事后还安抚那个年轻同事,让她不必太过自责;比如有个同事要买房子,找了诸多关系都排不上名额,经理知道这件事情之后,悄悄替这个同事联系了在楼盘做营销总监的老同学,替同事争取了一个名额……诸如此类的事情,李丹说了很多，周洁简直不敢相信平日里不苟言笑的经理，事实上是个乐于助人且心胸宽广的人。

"那你为什么要举报B组的项目经理呢？"周洁不解地问。

"反正我也辞职了，就把事情的真相告诉你好了。B组的经理经常对我们办公室的女孩子动手动脚，这点还不算什么，他单纯地吃吃公款也就算了，但在不久前我了解到，需要我们公司出策划的这个甲方收了B组经理的好处，吃了不少回扣，因此才在最后收了他们的策划案。在这个节骨眼上，如果还出这样的事情，估计A组就悬了。你们经理对我有恩，当初要不是他帮我，我那会儿又急着用钱，指不定最后会怎么样……"

听到这里，周洁大概明白了李丹话里的意思。她忽然意识到，那个平日里大家觉得与人为善的B组经理，竟是这样一个让人不齿的人，骚扰女同事，挪用公款吃喝，甚至为了挤掉同事恶意竞争，私下给甲方回扣，一切的一切听起来是这样刺耳。

后来，周洁还从其他同事那里听到，就在李丹举报完之后，领导层分别调查了B组的同事以及经理，结果B组的同事为了自保，竟没有一个人愿意出来为经理说话。大家对于用公款吃喝的事情均表示不清楚，只以为是经理请客，对于甲方拿回扣的事情也一概都说自己不清楚。

正所谓大难临头各自飞，平日里共事的同事在出事后都只会为了自保，别人的生死都跟自己无关，这样的人际关系也太脆弱了。可是反观李丹，正因为经理对她的帮助，她愿意牺牲自己的工作来帮助经理度过职场危机。

　　人际关系的维系靠的并不是那点蝇头小利，靠的也不是虚与委蛇与阿谀奉承。真正牢固的社交关系，一定是靠品德、靠人格魅力去加固的。一段关系的开始或许是因为外在的东西，但是最终能走得长久靠的绝非外在的那点东西。

　　春风满面皆朋友，欲觅知音难上难。在这偌大的世界里，我们遇到的人千千万万，有的人走失了，有的人留下了，来来去去，最终历久弥新的不过是彼此之间的那点人格魅力，因为这人格魅力，才让两个陌生人紧紧联系在一起。

　　你还在用表面功夫铸造你的社会人脉网吗？

自省心理：人际交往中的自我定位

　　说到会做人，我第一个想到的是大学同学严津岳。为什么说他会做人呢，主要还是体现在他的自我定位上。

　　严津岳是个内向的男孩子，写得一手好文章，在校内文刊物上发表过很多稿子，积攒了一批粉丝。学校一旦组织活动需要出公关稿，严津岳绝对是不二人选。

　　按理说，有才情的人多半也能出口成章，说起话来一定是滔滔不绝。可严津岳偏偏沉默寡言,极少会在私下跟大家高谈阔论,即便是说话,也常常是一两句话点到为止。但这一两句点到为止的话,字字精湛,句句都在点子上。由此可见,他这个人并不是嘴巴笨不会说话,而是不愿说话。

除了有才情,严津岳这个人还很有绅士风度。上下楼看到女孩子抱着一大摞书,他肯定会上去帮忙;班内大扫除,擦玻璃、倒垃圾桶这样没人愿意做的事情,他一定会主动承担;运动会男子3000米,班长在台上焦头烂额地动员大家报名时,无一人愿意报名,临到最后严津岳会一言不发地去报名;班级春秋游或者外联活动,除了班委会主动帮大家搬运物资外,严津岳也一定会帮忙分担一些……诸如此类的事情还有很多。

系里篮球赛,每个班都会组织一支球队出来参赛,严津岳因为篮球打得好,自然当仁不让地带队出征。别班的男生早就知道严津岳的名声,本来就觉得严津岳为人"清高",于是在赛场上有意为难他,小动作虽然被裁判吹了哨,但身体上碰撞的疼痛却是少不了。有慕名而来的粉丝,看到了球场上的小动作,大家都在抱怨,严津岳却示意他们安静看球,自己班上的同学知道严津岳的为人,想要为他出头,也被他制止。他说:"我们这几个人代表的是整个班级,没有必要为了这些小事发生冲突,公道在人心,群众的眼睛也是雪亮的。况且我这体格,撞两下也没事。"对方小动作使了不少,但是最终仍旧输了比赛。严津岳牺牲了自己的投射机会,把球有效传给队友,拿下了全场最佳助攻。

对了，严津岳这个人不帅，轻微近视，甚至还有些小胖，可是大学四年下来，严津岳始终稳坐班草的位置，喜欢他的女孩子也不少。

说到这里，我想你大概知道为什么我会说严津岳会做人了吧？虽然内向，却不自卑；虽然有才情，却不自傲；虽然懂得息事宁人，却不胆小懦弱；是自己的强项绝不推辞，是自己的弱项绝不自揽，这样的人，又如何不让人喜欢呢？

尽管没有帅气的容貌、没有傲人的身高，但是他会做人，知道在人际关系中找准自己的定位，进退有度，泰然处之。

说到这里，我还想说一说我们单位的新同事晓晨。

晓晨是通过校招进公司的，重点大学人力资源专业毕业，来人事部门工作可以说是专业对口。小姑娘性格外向不怕生，来公司两三天就跟办公室的同事混熟了，再加上青春靓丽的外貌，给我留下了非常不错的第一印象。

晓晨来公司一周后，公司开始进行激励体系和薪酬体系调整，晓晨作为助理分配到了我手下。然而，让人没有想到的是，给人第一印象良好的晓晨，在工作上却让人大跌眼镜。

简单的绩效占比排名统计、薪酬分解统计等工作，对于科班出身的晓晨来说，工作难度应该不算特别大。可交到我这里的统计表格却是错误连连，因为检查和纠正错误会更耗费时间，结果无形地增加了我的工作量。

碍于她是新人，我只能耐心指导和纠正，也能理解从学生转变成社会人需要过程,所以对于她的错误相对宽容理解,平时也会多叮嘱她做事要细心。

后来的一个月里,我一直在留心观察晓晨的工作状态。她的粗心大意并没有得到改善,很多时候大家会因为她的"新人光环"而睁一只眼闭一只眼。或许正是因为大家宽容,晓晨的进取心始终没有被激发。工作出了错,她也都是用撒娇和自己的好人缘化解掉。

后来,晓晨的好人缘最终被自己亲手"败光"。办公室的同事渐渐开始不再愿意接手晓晨处理的报表和数据,都直接用邮件退回并要求重新调整。大量的工作积压导致晓晨自己的工作绩效无法达标,转正面临危机。

在收集大家的统一意见之后,我在一次午休时间找晓晨进行了深入沟通。我建议她转岗,转去销售部。

晓晨在听到我的建议之后,当即表示:"经理,我大学学的是人力资源,做人事工作跟我的专业正好对口。我知道我工作上有很多粗心大意的地方,但是后面我都可以改正的啊!"

晓晨这样说着,而我的心里早已有了决定。如果真的愿意改、能够改,早就改正了,又怎么会等到现在呢?让晓晨离开人事部的决定已然不可更改。

"为什么你觉得大学专业是人力资源就一定要做对口的工作?很多人现在从事的工作跟专业并没有关联。人应该找准自己的定位!你善于表达且乐观开朗,销售工作你做起来或许会更容

035

易。"我继续说道。

晓晨神色微动，但是仍没有采纳我的建议。我只好进一步说道："如果你不考虑调岗也是可以的，那么你只能从公司离开去找其他的工作机会了。"

晓晨最后还是去了销售部，她采纳了我的建议，或许她心中并不是完全心甘情愿。但是，与被劝退相比，调岗似乎是不二选择。

再一次见到晓晨，是在10个月之后，在公司的年会上。

晓晨穿着黑色套装，从前的长发也变成了干练的短发，踩着高跟鞋，在主持人的颁奖词中优雅沉稳地朝舞台走去。

她居然是公司的销冠，仅用10个月的时间，就把业绩做到了全公司第一。

晓晨的致谢词里面不光感谢了现在领导，更是直言不讳地提到了之前遇到的挫折，她用了这样一个说法："人力资源专业毕业的我原以为人事部的工作会更适合我，但是当我开始从事销售工作之后，我才知道原来我自己可以这样优秀。因为我找到了准确的定位并不断强化自己的优势，才有了今天的自己……"

在她最后的那句"谢谢我的团队"说完之后，销售部的同事们异口同声地喊着："女神！女神！"场面气氛一度高涨。在有着业务竞争关系的部门里，能够为同伴的成功感到高兴和由衷的祝福，想来她在销售部的人际关系处理得非常不错。

隔着两张桌子，晓晨的视线和我交会，我们彼此点头示意。

在她眼神里，我看到了从未有过的自信和光彩。

找准自己的定位在人生道路上起着至关重要的作用。拿严津岳来说，一个不帅还有些胖的男孩子，按理说不太容易成为"明星人物"，可是他知道自己的强项在哪里，知道把握人际交往的分寸，才变成了后来的"校园红人"。拿晓晨来说，本来抓着一手好牌，却仗着自己的优势亲手"败光"了自己的好人缘，在找准自己的定位之后，才有了后来的"业绩女王"。

雄鹰注定要与蓝天为伴，巨鲸注定要与大海同行。利爪的鸟去了水里毫无用武之地，善洇的鱼来了陆地只能奄奄一息。那么，你的定位是什么？

印象管理：打造你的专业形象

好的形象如同明媚的阳光，让人感到温暖；好的形象是一张笑脸，让人如沐春风；好的形象是一张别致的名片，让人印象深刻。

很多人都说，现在是一个看脸的社会。不信，你打开手机微信，每天推送最多的是明星、网红们的娱乐消息；大街上，令人眼花缭乱的广告几乎都是俊男靓女代言。在我们看来，这些有颜任性的人，不费吹灰之力便能获得成功；相反，有些人外形条件一般，他们无论怎么努力，无论多么辛苦，总是不能打开成功之门。颜值高的人，在人际交往中总能顺风顺水，而相貌丑陋者自然是屡屡受挫。

过去很长一段时间，我也经常感叹命运不公：为什么无论怎么努力，成功却总是遥不可及？仅仅是因为我长了一张平凡的脸？

大学毕业后，我也曾跳槽多次。最后，才进入了这家文化创意公司。这家公司实力不俗，在国内属于佼佼者。得此机会，我见过的业内成功人士不在少数。其中，有一个人的故事到现在我都难以忘怀。

那一年，我刚刚当上部门经理。几天之后，公司派我去北京参加一次培训讲座。据说主讲人是业内的知名人士，我暗自思忖，来的人应该是一位蹒跚老者吧。直到讲座开始，一位三十出头的中年男士精神抖擞地走上讲台，我才有些吃惊："原来他这么年轻？"

现场鸦雀无声，所有听众的目光瞬间就聚焦到他身上。几分钟后，台下议论纷纷："没想到这么帅！""他看起来好有风度！""他像个绅士！"大家都没想到，来者是位青年才俊，于是都说了些赞美之词。

那位演讲者面含微笑，举手投足间散发出一种高贵而优雅的气质。他讲话的声音沉稳有力，优雅的谈吐征服了现场所有的听众。在讲座结束之后,很多参加培训者都围在他身边,饶有兴致地询问。他一直彬彬有礼、面带微笑,耐心细致地回答大家提出的问题。

我走过去,递上了我的名片。他礼貌地接过之后,微笑着对我说:"我听说过你们公司,发展前景非常不错。"

我说:"谢谢。您刚刚讲得真好,您是如何走到今天这一步的呢?能和我们分享一下成功的经历吗?"

大家听到我这么说,立刻围过来,好奇地问道:"是啊,我们都很想知道您的成功经历,我们也能多借鉴借鉴,学习一下。"

"既然大家都这么想知道,那我就和大家分享一下吧。"他笑着说道,眼神中充满了自信的光彩。

他再次走向讲坛,开口说道:"我常常被问到,你这么年轻,是如何取得成功的?其实,每个人都是潜力股,每个人都具备成功的条件。很多年轻人问我,为什么我这么努力,可是就是没有成功,我的事业还是停留在起步阶段呢?说句真心话,我和大家一样,也曾走过很多弯路,也曾迷茫过。"

他顿了顿,将目光转向我们,问道:"大家说说看,一个人要想成功,要具备哪些条件呢?"

大家在台下议论纷纷,七嘴八舌地说开了。有的人说:"能力是最重要的。一个人如果没有一技之长,做什么都很难成功。"

有人说:"毅力也很重要。若想成功,就要不怕失败,很多伟大的科学发明都是在经历成百上千次失败之后才成功的。"

还有人说:"口才也很重要。就算你能力超群,又能坚持不懈,但是如果不善表达,不能自我推销,别人也不会认识你。"

……

他耐心地听着大家的回答,时不时点头微笑,直到讨论的声音渐渐平息下来。

他说道:"大家说得都对,但答案都不是我今天想要说的。大家刚才强调的是成功所具备的一些必要条件,或者说是一个点,而我想说的是成功起点的基本要素,那就是个人形象。在这一点上,我曾经离成功只有一步之遥。那时候我刚到公司不久,公司接到一笔上百万元的订单,全公司人员为了这笔订单日夜奋战。我也充满了信心,做了充分的准备,光方案我就做了好几个,而且不停地修改。最后经大家的讨论,选择了一个最佳的。我熬了好几个晚上,加班加点地工作,不幸感冒了。第二天,我感觉昏昏沉沉,一觉醒来时间不够了,就匆忙套了件衬衫、牛仔裤去见客户。等我回到公司的时候,领导劈头盖脸地把我骂了一顿,说对方公司质问他为什么派了一个邋遢的小子去谈这么重要的商务?对方看过我们公司的方案,本来都已经快谈好的合作因为我就这么泡汤了。这次事件之后,我在公司的前途也暗淡下来。没多久,我便辞职了。

"从那以后,我才意识到个人形象是多么重要。个人形象能体现一个人的修养和气质,能让我们获得别人的好感和尊重,是一种无形的财富。特别是在工作中,你的个人形象也代表了公司

第二章 拥有优秀人际关系的自我心理修炼

的形象。为了改变个人形象,我专门报班学习了公关礼仪课程。

他的话音刚落,台下便响起了雷鸣般的掌声。

的确如此,如果一个人连自己的个人形象都不在乎,无论在什么场合都不修边幅,以自己邋遢的形象展现在众人面前,这样的人来打招呼或者谈事情,恐怕绝大多数人在第一时间都会敬而远之。

如今是一个看脸的时代,这正是社会进步的体现。因为脸面体现的不仅仅是一个人外貌的光鲜亮丽,还隐含了一个人内在的气质和修养。一个人的穿着打扮、举止行为,举手投足的每个细节都是向别人递出去的个人名片。我们走向成功的每一步都应该是全面的、立体的,打造个人良好形象显得尤为重要。不要去羡慕明星们光鲜亮丽的外表,也不要去嫉妒风度翩翩的成功人士,我们眼中轻而易举的成功并非偶然,别人的成功同样充满艰辛。为了在公众面前维持美好的形象,他们也付出了常人难以想象的努力和艰辛。正所谓"台上一分钟,台下十年功"。

在人际交往中,双方的第一印象就是通过形象来传递的。工作中,打造自己的专业形象,就好比递出去一张闪亮的名片,能让对方很快认识你。注重对自己形象的打造和修养,能让我们在人际交往中如鱼得水,为建立良好的人际关系打下坚实的基础。

有一位哲学家曾经说过:"一切精美的东西都有着深沉的内涵。"个人形象是内在美和外在美和谐统一,要达到内外和谐统一,就要在日常生活中注重个人的形象,内外兼修,持之以恒,才能打造好自己的个人形象，展示自己的价值，获得良好的人际关系，并一步步走向成功。

木桶定律：重视人际交往心理的短板

某天，助理突然递给我一个快递。我拆开后发现是个"红色炸弹"，这已经是本月收到的第三封喜帖，一想到又要破费，心中顿时郁结难抒。可当我翻开一看，发现新娘是赵霜后，心情除了五味杂陈外，更多的还是愉悦。

赵霜是我的闺蜜，认识八年有余，是个没有什么短板的姑娘，工作稳定、收入不菲、模样姣好。但有一件事，提起来会让人觉得不可思议，赵霜毕业这么长时间没有交过男朋友，她的说法是没时间交男朋友。眼看着奔三了，身边的几个朋友都名花有主，闺蜜几个将赵霜的终身大事列入备忘录 top1，纷纷替她介绍起对象来。

前前后后她也接触了好几个男孩子，但最后都不了了之。问赵霜对男生们的感觉，她只是一句"不来电"就把我们打发了。刚开始，我们以为是真的不来电，后来发现事情并没有那么简单。

第二章 拥有优秀人际关系的自我心理修炼

我们从男生们那里得到的反馈是,赵霜她从见面初期给人的感觉就是拒人于千里之外,交谈的过程也都是冷若冰霜,就像她的名字一样,对话间男生们觉得赵霜对于信任感这个东西似乎持十分消极的态度。有些男生甚至说道:"这个女孩子是不是有什么心理问题啊,完全跟你们介绍时说的不一样嘛!"

这个男生的一番话让我们有所顿悟。似乎赵霜跟我们几个相处都没有什么问题,但是跟我们的男朋友或者男性同事相处时,都显得十分冷淡。迄今为止,认识八年多了,也没听赵霜提起过哪个让她心仪的男性,连喜欢的男明星都没有听她提一句。

闺蜜几个商量着是不是建议赵霜去看心理医生,但是觉得明着说不太好,于是我们就想了个办法。我联系了我的一个大学同学,心理学博士毕业,现在经营着自己的心理咨询室。我告诉了他赵霜的情况,想让他扮演相亲对象跟赵霜来一次不设防的沟通,找找问题在哪里。

结果,事实让我们大吃一惊。原来,赵霜小时候父亲对母亲施家暴,然后父母离婚,从小赵霜就跟着母亲一起生活,从那个时候起,她对于男人就不太相信。小时候的阴影似乎影响了她看待男性的心理,始终不太相信男人,总是心有设防。这个心理短板直接影响了赵霜整个人的婚恋综合水平,尽管她外貌出色、工作稳定、收入不菲,但是就因为不能打开心扉正视这个问题,以至于本来很有优势的女孩子变成了"剩女"。

心理医生给了赵霜一些建议和疏导,让她正视自己的心理短板,并十分诛心地说道:"你之所以愿意接受闺蜜们安排的相亲,从某些程度上来说,你的内心也是渴望恋爱、渴望伴侣的,否则你直接拒绝相亲岂不是很便捷?既然决定要来相亲,就应该用欣赏的眼光看人。每个人都有自己的频道,找到适合自己的频道,总会找到那个与你契合的人。你值得拥有幸福!"

由于相亲环节的最后心理医生交出了底牌,赵霜在朋友圈失联了大半年时间。我们一度以为赵霜是生我们的气,所以跟我们绝交了,直到我收到了这颗"红色炸弹"。

赵霜要结婚了,新郎官是大学同学方俊。方俊大学追了赵霜四年,最后无疾而终。出了学校之后,因为赵霜冷若冰霜的态度,方俊只好做一个守护公主的骑士。好在皇天不负有心人,骑士终于熬成了王子。

在婚宴上,赵霜好像变了一个人,眉眼间都是被幸福浸润的模样,少了一些尖锐和冷漠,多了一份柔和和温婉。心理状态的改变居然会对一个人造成这么大的影响。

每个人都会有自己的心理短板,但是这个短板很多时候并不被自我重视。"木桶定律"大家都非常熟悉了,最短的那块板决定了这个桶最后的储水高度。那么心理短板也是一样。被你所回避掉的心理短板,很有可能直接影响了你的人际关系。

小林把自己的人际关系搞得一团糟,就是因为她从不重视自己的心理短板,或者说是没有发现自己的心理短板。

刚来公司的小林因为长相甜美、性格开朗很受同事喜欢,入

第二章 拥有优秀人际关系的自我心理修炼

职不过两三天就跟公司的同事相处得一团融洽。这种类型的同事在团队里应该扮演黏合剂的角色,让团队氛围更加融洽和睦。当初,领导面试她进来,也正是看重了她这一点。

随着相处时间的增加,我们渐渐发现很多事情并不如大家想的那样。

小林纵然是个很外向、很健谈的女孩子,但是同时也是个嘴巴包不住话的女孩子。

有一天,某个同事因为牢骚,说了一句其他同事的不好,没过两天就能从小林的嘴巴里知道事情的原委。小林喜欢打听。

有一天,小张上班时眼睛红红的,她只跟小林倾诉了两句,没过两天就能从小李的嘴巴里知道这件事。小林喜欢交换秘密。

有一天,小方和小李两个女同事约着去逛街,当晚晒朋友圈有小林的身影;有一天,小赵和小徐去吃日本料理,当晚晒的朋友圈有小林的身影。

……

好像小林跟谁的关系都好,又好像小林跟谁的关系都不好。

没过两三个月,办公室里的同事们开始对小林敬而远之。私下的一些活动尽可能都不会再带上小林,因为只要带上了小林,那些餐桌上的闲事八卦总会在办公室里传开。除了工作上的必要接触外,小林的好人缘已如过眼云烟。

六个月的试用期一过,小林即将面临转正。转正申请递到我这里签字时,我按照工作流程跟她进行转正前沟通。在她进办公室之前，我将其他同事写的评语和意见用文件夹盖了起来。

小林见到我仍是一副甜美活泼的样子，但是眼神中却没有了往日的光彩。

"放松，这个谈话只是走走过程。你的工作能力大家有目共睹，绩效考核这六个月以来也都达标了，同事们对你的评价都很不错。你本人有意愿继续在这里做下去吗？"我故意将同事们对于她的评价置若罔闻，甚至说了相反的话。

"大家对我的评价都很不错？"小林一副不可置信的样子。

"是的。可是为什么我感觉你很意外？你跟同事们相处得融洽我是看在眼里的。"我不经意地转了转手中的笔。

小林沉默，原本笑意盈盈的脸瞬间垮了下去。

我继续说道："好姑娘，你应该变得更加自信，而不是企图通过交换别人的小秘密在组织里找到自己的位置。老天可不会眷顾自卑的女孩哦！"

小林听到我这么说，原本低垂的头抬了起来，她说："谢谢经理，我知道该怎么做了。"

小林因为内心的自卑，想要通过好人缘来证明自己，而换取好人缘的最快方式就是用别人的小秘密去拉近距离。不管什么私下活动都要参加的行为，更是进一步验证了小林内心的自卑，好像跟同事关系融洽才能在组织里找到自己的位置。

通过转正申请的小林，一门心思地投身于工作，好像从前那个喜欢打听、喜欢什么事情都插上一脚的"八卦女"不复存在了，取而代之的是一个全新的职场女战士。没过多久，办公室的同事觉得小林好像变了一个人，大家与她之间的关系再度变得融洽起来。

每个人都会自己的心理短板，有的人自卑，有的人多疑，有的人张扬，有的人缺乏勇气……而心理短板的存在也将直接影响我们的生活、工作以及人际关系，这些心理短板的存在是万万不可忽视的。找到自己的心理短板，对症下药，调整心理状态，重新出发！

宽容心理：厚德载物，雅量容人

好的人际关系，需要好的经营艺术来支撑，宽容便是其中不可或缺的品质。一段关系的开始，或许只是因为颜值上的欢喜、观点上的认同，又或者是兴趣爱好上的相似，甚至只是在特定的环境下不得不开始的关系——譬如同事或者同学，开始的原因可能很简单，但是一段关系的长久发展靠的却是美好的品质。

有句话叫做"路遥知马力，日久见人心"，你是个值得深交的朋友还是只是貌合神离的泛泛之交，时间最终会交付给对方一个确定的答卷。所以，我们说交朋友不在乎一次两次的惺惺相惜，而在乎时间的沉淀与洗涤，两个人的关系是不是真的经得起生活的考验，这个时候颜值、三观、兴趣爱好统统都得靠边站，唯有品质方可得人心。

我忽然想起前不久跟外甥女一起出去吃饭的事。小姑娘给我的感觉仿佛是变了一个人，跟小时候跋扈又任性的样子完全不一样。那时候长辈们聊起她，说得最多的就是公主病严重啦、同学关系不和睦啦、常常跟小伙伴闹矛盾等。

给我印象最深刻的一件事情是因为一条裙子闹得请家长。当时，外甥女穿了条新裙子去学校，同学不小心洒了点墨水在她准备用做舞会礼服的裙子上面，她便不依不饶地让人家赔。人家小姑娘说拿自己的跟她换，外甥女就嫌弃别人的裙子不好看，非得穿自己这条参加晚上的舞会。还强硬地说，如果自己不能参加舞会了，那个女同学也不能参加今天晚上的舞会。硬生生把人家小姑娘急得直掉眼泪，事后闹得老师请了家长来学校沟通。

然而这次再见到外甥女，她谦逊有礼、落落大方，就在我感叹小姑娘长大了，感叹时间真的能改变一个人的性格时，她妈妈跟我说了一些事情，我才知道她的改变都是有原因的，有些事情并不是时间所能够改变的。

因为外甥女家里的条件不错，高中毕业之后家里就把她送到了国外念书。上大学之后，她开始勤工俭学，在学校附近的西餐厅做侍应生，有时候也会到后厨洗洗碗。这一切，家里人都是知道的，但是她妈妈没有出面阻拦，甚至通过缩减生活费来刺激她去做一些兼职，尽管家里的条件完全不需要她出去勤工俭学。

第一年放假，外甥女回国休息。也是在这一年，她发生了巨大的改变。

姐姐说，她也没想到女儿的海外求学经历会让她发生这样的改变，准确地说是独立生活的经历，让她懂得了很多人际交往的道理，甚至她后来的一些做法也影响了姐姐的行为。

有一回姐姐带着外甥女到餐厅吃饭，服务员端着一盘豉汁蒸鱼上来。结果，服务员一下子没端稳，豉汁从盘子里泼了一些出来，洒在了椅子上的包包上面。那个包包是姐姐刚背了不久的包，材质如果沾上湿的东西不太好清理。服务员也注意到自己上菜时候的失误，忙放下手里的菜，想要找点什么去擦泼在包上的豉汁。姐姐这个时候的怒气已起，正准备发火。谁知外甥女风一般地站起，轻轻推了姐姐一把，示意她不要发脾气，转而又对服务员笑着说道："没事没事，这个拿回去洗一洗就干净了。你也不是故意的，别放在心上啦，你快去忙你的吧！"

服务员慌忙点头道歉，然后转身离去。姐姐用不可思议的眼神看着外甥女，简直不敢相信眼前的这个人是自己看着长大的女儿。从小她可是嚣张跋扈出了名的，亲戚邻里谁不知她是个混世小魔王。可眼下，这个混世小魔王已经长成亭亭玉立的有容人之量的大姑娘了！

后来姐姐跟我说，女儿给她讲了讲她在国外勤工俭学的事情，她才知道这一年的时间里，女儿在外面经历了什么。

049

外甥女直至高中毕业,在家里都是十指不沾阳春水,从小到大连被子都没叠过,更不要谈洗碗了。结果,在学校附近的餐厅做侍应生的第一天,就被经理安排到后厨洗高脚杯,肚子浑圆巨大、杯脚细长的高脚杯放在那里,看着仿佛一碰就会碎。外甥女好不容易将这堆高脚杯洗完,松了一口气,哪知一个侧身,手边的高脚杯应声落地,接着便是一连串的玻璃摔碎的声音,转瞬间已是一地面的碎玻璃碴儿,看得外甥女心惊胆战。

她很害怕,害怕经理骂自己,害怕经理让自己赔偿,害怕……

就在她慌乱无措的时候,经理来到后厨。经理长着一头好看的金色长发,湛蓝的眼睛,像精灵一样。外甥女快速地瞥了她一眼,便低下了头,准备接受经理的责骂和处罚。谁知,经理非但没有责罚她,还十分贴心温柔地抱了抱她,轻声说道:"吓坏了吧!没事,人没受伤就好。"

说完这句话后,她转过头吩咐身边的一位男侍应生将地上的碎玻璃碴儿清理干净,然后继续说道:"人呢,难免会出错!下次咱们洗这种高脚杯时细心一点,少量多次地洗好吗?相信你可以做好的!"

还有一次,外甥女在外厅做侍应生的时候,给一位女士倒红酒,本来应该有手帕搭在瓶口的,无奈当时的手帕用完了,外甥女在倒完酒之后,瓶口的一滴红酒滴在了顾客白净的裙子上,像一朵绽开的九重葛。

第二章 拥有优秀人际关系的自我心理修炼

本以为顾客会大发雷霆、厉声责备,却不想那位女顾客只是轻轻拍了拍外甥女的手,示意她放松不要太紧张,还轻声说道:"这个料子很好洗,没关系,你去忙吧!"说完就站起身朝洗手间去了,丝毫没有将事件闹大,外甥女看着她的背影心生感激。天知道当时的她有多么害怕,却不想对方一句"没关系"就化解了她的恐惧。

外甥女在这两件事情上受到的启发很大,一个人在异国他乡求学、生活本来就不容易,如果没有他人的帮助和理解,恐怕很难支撑下去。大概也是因为这样,她才能够感同身受,才能够在别人将菜汁弄到妈妈的包包上时大度地说一句"没关系",就好像那个被她洒了红酒的女客人一样,天知道一句"没关系"曾经让她多么感激。

事后,姐姐跟我提起外甥女这件事情的时候,我在她的眼睛里看到了对女儿的赞赏,甚至还有为人父母的骄傲,这个骄傲的神色是以前从未有过的。

"她说,妈妈,既然别人能原谅女儿的过失,您就把那些犯错的人也当做你的女儿一样,原谅她们吧。"姐姐的声音里不由得透出几许哽咽。

外甥女的改变让我认识到,在人际交往中宽容和理解的重要性。

多一分理解和宽容,很多事情都能化大为小、化小为无。你的咄咄逼人并不会提升你的社交地位,也不会因为你理由充分的指责和埋怨就让你赢回一局。与之相反的是，你的宽容和理解会增加别人对你的感激和愧疚，从心里钦佩你为人处世的作风，从而进一步认为你是一个值得深交的人。

《周易·坤》说道："君子以厚德载物。"厚德载物，雅量容人，宽容和理解是中华民族的传统美德，亦是人际交往中不可或缺的人格魅力。想要人际关系好，宽容理解少不了！

第三章

懂点交往心理，学点交往智慧

相似效应：快速拉近你和别人之间的距离

《庄子·庚桑楚》中提到："是故非以其所好笼之而可得者，无有也。"意思是说，不用投其所好来笼络人心就成功的人，可谓从不曾有过。在人际交往当中，善于利用相似效应即投其所好原理，就可以迅速地拉近与对方的心理距离，求人办事也将事半功倍。

忽然想起一位男性朋友讲的大学时他们寝室的寝室长追女神的故事，他当时是这样讲述的：

"当时我们学校有个校花，愣是从大一进学校起就稳居校园美女第一位，当时这姑娘是不少单身男同学的梦中情人。好多男生都在追她，可惜没人能将这朵娇花折下。直到有一天，寝室聚餐，我们寝室长牵着一姑娘来赴会，打远还没看出来这姑娘是谁，待一走近才发现，这不是咱们学校的校花吗？

"吃饭时大家都没说什么，一回寝室，哥几个把寝室长堵在墙角让他好生交代，究竟是如何把我们的校花追到手的。说实话，对于这样一个冰山美人为何最终能投入寝室长这个榆木脑袋的怀中，我们大伙还是十分好奇的。

"原来,寝室长私下里在学校遇见过校花几次,可每次主动打招呼,校花都爱理不理,几乎不见成效,用那些老套的追女孩的办法对她根本没用。无奈之下,只好远观心中的女神,不敢贸然上前。没过多久,寝室长就发现校花经常逛学校大门口的宠物店,每次出来都要带上两包狗粮。通过各方打听以及蹲守在校花的宿舍楼下,发现校花养了一只宠物狗。

"寝室长决定制造一场偶遇,但是这次的偶遇不是人与人,而是狗与狗。他也买了一只跟校花的宠物狗同品种的狗,性别正好跟校花养的狗配对。每次吃完晚饭,寝室长总会牵着狗去操场上溜达。皇天不负有心人,长时间的蹲守,终于让寝室长在操场上碰到了校花,校花也是出来遛狗的。一来二去的,两人从最开始的狗友相处,时间一长日久生情,两人就发展成了恋人关系。

"大伙一听寝室长这追女孩的手段,纷纷笑作一团,有人说道:'也就你这性子的人做得出来这样的事情,亏得你能忍受天天在操场上遛狗,万一人家不来操场跟你偶遇,你怎么办?'

"'不来?哪有养狗不遛狗的?我这叫投其所好!你看看那么多人追她,不也就我一个人追到手了吗?'寝室长说道,脸上尽是扬扬得意。"

追女孩能用投其所好的方法,搞定客户同样能用投其所好的方法。利用相似效应,搞定那些将你拒之门外的人。

公司里新来的业务员小方就是这样一个懂得利用相似心理的小伙子。他做过的一个项目直接成为公司销售部的案例项目,后面每次来新人,业务部老大总会把小方的故事跟他们讲一讲,美其名曰:"这个市场上就没有搞不定的客户。"

有一个外籍华人回国发展业务,但是他所有的业务均由外国团队操刀。这次想打开国内市场,他旗下的产品广告投放顺其自然地就交给了国外广告公司。小方知道这个客户有广告制作的业务需求,想争取一下提案机会,无奈被圈内人告知,这个老板十分难搞,由于从小在国外长大,脑子里的那一套基本上都是海外思想,觉得国内的广告公司不行,国内的公司基本上没有提案资格。

小方是个不怕困难的人,他总觉得凡事试一试总会有机会,不试一下怎么知道不行呢?首先,他想到的就是要创造一个跟这个老板见面的机会。但是通过人脉资源多方联系,始终没有人可以牵线搭桥引荐小方。有一日,小方在一个关于他的采访中看到,这个老板是个十分喜欢钓鱼的人。小方再次动用资源,打听到这个老板周日经常驾车去附近的自由垂钓区钓鱼。了解到这一信息之后,小方先是找了个经常钓鱼的老师傅学习了一下垂钓的门道,然后又了解了一下钓竿方面的知识,就去"偶遇"这个老板了。

去的第一周,小方就"偶遇"了那个老板,但是小方并没有着急上去攀谈,只是简单地点头示意,第二周亦是如此。直到第三周,小方再次偶遇了那个老板,这次小方便简单地攀谈起来。

全程都是聊的关于钓鱼的东西,小方把之前从老师傅那里学到的心得加以糅合，说出来的一些想法让这个老板十分感兴趣，两人聊得很投机。临到返程，小方出其不意地提出交换名片，说是以后可以常常联系，有空可以约着一起钓鱼。

这个老版本来也不知道小方是广告公司的人，所以没有对他提防，很大方地给了小方名片，小方在接过名片之后，装作惊讶地说道："原来您是瑞恩科技的林总！久闻大名！不想见过您三次了，今天才知道是您。"

林总惊讶地说道："你知道我？"

"那是当然。作为广告人，对于行业内的讯息我们必须做出最快的反应，这是我们公司的宗旨。"说完小方便递出了自己的名片。

这下林总知道小方是做广告的了，生意场上的门道他自然是深谙于心，这个年轻小伙子来这里三次，一定不是单纯地钓鱼，只怕是制造偶遇的机会，想创造合作机会。林总当即皱了皱眉就要离开。

"既然来了，林总不妨听听我的想法，如果您觉得不合适，您大可把我当做湖边上的那个钓友小方，今天这名片就当我没收过。"小方镇定自若道。

林总停下脚步，示意小方继续。

"您想开拓国内市场，敢问一句这些产品投放到市场上，消费群体是谁？如果面向国内消费群体，那么让国内的广告公司来制作广告，将会很贴合目前国内消费者的需求，因为我们知道消费者的兴趣点在哪里。我不否认国外团队操刀更成熟，但是物竞天择，还请林总给我们一个提案的机会，好与不好您看过提案之后再做选择也不迟。"

小方见林总半天不说话，以为这件事情要黄了的时候，林总忽然一笑，道："年轻人不错！国内这么多家广告公司，只有你能弄到我的联系方式，你在知道我明确禁止国内公司提案之后还要尝试，想必你是一个不会轻言放弃的人，把市场推广业务交给你们我很放心，明天你带着项目书来我公司详谈！"

就这样，原本一个不可能的项目，让小方顺利地签了下来，只因为一个"钓友"的关系。

对于喜欢的东西人们总是会更健谈一些，比如喜欢打扮的女孩，你跟她聊衣服包包，她总能跟你说个不停；比如热爱足球竞技的球迷，你跟他聊足球明星，他总能跟你侃侃而谈。这就是相似效应的体现，在日常生活中处处可见。

人际关系中，我们要知道利用相似效应去突破对方的心理防线。我们常说做人做事要学会求同存异，存的"异"是接纳别人跟自己观念上的不同，求的"同"是发现别人可以跟自己观念上的"相同"。有一些相似的东西是本来就存在的，而有些相同的东西是后天"创造"出来的。但不管这相似点是天生还是"后生"，它的存在都会让你的人际关系如鱼得水，游刃有余。

混沌心理：糊涂在脸，伶俐在心

清朝乾隆年间郑板桥有一句传世名言："人生在世，难得糊涂。"这是他的为官之道，也是他人生之路的自况。世人常常感慨郑板桥的"难得糊涂"这四个字里面蕴含着丰富的人生哲学，常常将这四个字挂于家中，时刻警醒自己。

糊涂看似贬义，实则褒义。披着糊涂的外衣，展示的是睿智的真理。有人说，征服世界并不伟大，真正的伟大是征服自己。你的糊涂，就是在征服自己，面对复杂的人际关系，泰然处之，不骄不躁，难得糊涂。

为什么说难得糊涂？跟难得糊涂寓意相同的还有一句话，叫做"大智若愚"，意思是大的智慧会让人看起来像不太聪明，这种看起来的糊涂实则是极度聪明的表现。

我的父亲曾给我上过非常好的一课，直到现在我仍旧记忆犹新。

我刚毕业的时候，还很懵懂无知，初入职场，作为新人，在工作上可以说是尽心尽力，从不抱怨，老老实实地将上级安排的工作做好。

过了两三个星期，我渐渐跟公司的同事熟稔起来。同事之间的聊天也多了起来，我也不似刚进职场那般总是一副怯生生的样子。

职场就是个微型的社会，人多的地方总免不了是非，人多的地方人际关系自然也复杂，总有那么一些人喜欢通过交换秘密拉近彼此之间的距离。

后来，我意外发现有个同事特别八卦，喜欢说别人的隐私。当时的我还较为单纯，对于跟自己无关的事情也并没有太放在心上，始终坚持少说多听多做事的生存之道。

直到有一次，我从别的同事口中听到了一些关于自己的小八卦，当然，我知道那些事情都是莫须有的。作为涉世不深的职场小白，对于同事这种毫无缘由的议论，我听了十分生气。可是没有社会经验的我，并不知道该怎么处理这样的事情。

晚上回到家里我跟父亲说起这件事，父亲只是笑了笑，并没有去指责同事的不应该，而是给我讲了一个当年他当老师时的事情。父亲说的这件事情让我大受启发，让我知道我这样的想法是不理智的，不仅会影响同事之间的关系，也会让自己在今后的工作中受到影响。

那时候父亲刚毕业，被分配到了一所小学做辅导员。

有一天，父亲示范讲课，班主任李老师则坐在教室的最后听课评分。

父亲刚刚在黑板上写了几个字，学生当中突然有一人喊道：

"新老师的字写得比我们班主任李老师的字好看啊!"

该生的话真是语惊四座,对于稚嫩的学生而言,哪能想到此时后座的李老师将面临多么尴尬的处境。

对于父亲来说,初上岗位就碰到了这般让人难堪的场面,的确让人头疼,这以后该怎样同这位班主任共事共处?父亲此时心里想的是,要不然若无其事地转过身谦虚几句,但是这样可行吗?当然是不行的!

谦虚几句看似谦虚,实则是听进去了学生的那句话。李老师的面子又如何挂得住呢?

突然,父亲灵机一动,故意装作没听到的样子,在黑板上继续将没写完的板书写完,紧跟着不紧不慢地头也不回地说:"是哪位同学不安安静静地看课文,在下边大声喧哗呢!你们是觉得我是新来的老师,所以这样活跃吗?"

此语一出,坐在后排的李老师紧张尴尬的神情顿时轻松了许多,尴尬局面也随之消除。此后父亲和当时的班主任相处得非常轻松愉悦。

李老师多次给父亲的实习带课打出优秀的评分,以至于父亲很快就度过实习期,开始正儿八经地上课。

听了父亲的故事,我心头那难过的情绪忽然就烟消云散了。虽说,父亲经历的事情跟我不同,遭遇的烦恼也跟我不一样,但是他处理这件事情的智慧却是我应该学习的。他的糊涂,既解决了李老师的尴尬,也没有贸然地指责学生的无心之语。

父亲是在告诉我，对于同事的评价我应该装糊涂。既然知道那个同事是个八卦之人，我一个初入职场的小白都能看出来，其他同事又如何看不出来呢？俗话说，喜欢扯是非的人，本身就是个"是非人"，我相信公司的同事都是明白人，自己行得正坐得端，那些莫须有的事情根本影响不到我，而时间是证明一切的最好良药。

第二天回到公司，我仍旧秉承之前的处事原则，少说多听多做事，对于那些流言置若罔闻，面对那个爱八卦的同事也是抱着一颗平常心。难得糊涂的我，意外收获了"好人品"的称赞，在公司里，大家都愿意跟我交流，觉得我是个靠谱的人，工作上也渐渐地多了诸多便利。

《庄子》中有句话说得好："人生天地之间，若白驹之过隙，忽然而已。"意思是，人生这样苦短，我们又何必为了那些区区小事而耿耿于怀呢？将自己宝贵的时间耗费在小事上，多么不划算呀！

即便是一些"大事"，对于别人的过失，对于别人给你造成的负面影响，你的糊涂，只会让对方羞愧难当，进而觉得你是个心胸宽广之人。

公元200年10月的某一天，官渡之战刚结束，曹军正在清点战果，一位官员发现这些扔下的东西里面有不少书信是京城许都和军营里的一些人悄悄写给袁绍的。这位官员赶忙将这件事情汇报给了曹操。

曹操拿过信件，粗略地看了看，信里面的内容十分露骨，有的是吹捧袁绍的，有的更甚，直接表示要离开曹营投奔袁绍。

官员原以为曹操会大怒，会严加审查，却不想曹操只是一笑，平静地说道："把这些信件统统拿去烧了吧。"这个命令使得在场之人都为之一怔。

"不查了吗？这可是有二心呀。"有人悄悄地说。

"是的，不必查了。"曹操大手一挥，这件事情算是过去了。

曹操说不查"内奸"，看似糊涂，实则是精明之举。曹操这样做，使那些暗通袁绍的人心中大石头落地，毕竟曹操官渡之战大获全胜，这些暗通袁绍的人本来也是墙头草，更愿意跟在势力更强的曹操身边效力；旁人也觉得曹操度量大，愿意在他麾下誓死效力。素来以奸雄著称的曹操，也难得有这样"糊涂"的一面。

当然，曹操的糊涂绝不是浑浑噩噩不明事理的糊涂，而是大事不糊涂，小事装糊涂。就此事来说，一则是涉及人太多，根本无法较真；二则不去追究此事又可显示自己的恩德与宽宏，收揽人心，可以说，曹操"糊涂"得很高明。

有些糊涂看似是真迷糊，实则却提升了你的做人格局。你糊涂的是面子，但通透的却是里子。

你的糊涂四两拨千斤，避免了人际交往中的尴尬，避免了人际交往中的冲突。一句难得糊涂，让你紧张的人际关系瞬间缓和下来。

大智若愚，虚怀若谷。真正的聪明不是事无巨细地追责，也不是方方面面挑剔制约。别人对你的恶意中伤本就尖锐，如果你正面相对，要么自伤，要么两败俱伤，何必呢？

难得糊涂看似一句戏言，却富含了人生大哲学。恰如其分地运用"糊涂精神"只会让你的工作、生活、感情更加顺风顺水，试问谁不喜欢看破不说破之人呢？

"责己也重以周，待人也轻以约"，如果大家为人处世有理也要让三分，人际关系又哪里会搞不好呢？

转化心理：要善于化敌为友

2008年经济危机爆发的时候，因为经济不景气，很多人选择离开当时的公司。律师这个行业本身也不是很景气，律师沈飞选择从北京回到故乡，想着去一家进出口贸易公司做秘书兼法务，这样既专业对口，可以从事法务工作，又可以拓宽自己的职业生涯。

当时沈飞给几家进出口公司投递了简历，并用法语给自己写了推荐信。这种给自己写推荐信的做法似乎并没有得到广大公司的青睐，绝大多数公司都回信告诉沈飞，因为经济危机，公司内部暂时没有增编的需求,但是他们仍旧会把沈飞的简历和名字存在他们的资料库里,期待未来有合作的机会。

大多数的回信沈飞看在眼里知道是委婉的拒绝,只有一封回信让他气得发疯。信里面是这样说的:"你对我们这个行业完全不了解,这封推荐信让你看起来很掉价,况且我也不需要秘书。另外,即便我需要秘书,大概也不会用一个像你这样自以为是的秘书,用法语写的推荐信语法有诸多错误,看起来令人十分恼火……"

沈飞看到这封信的时候觉得很不可思议,基于人与人之间的基本礼仪,这家公司也不该回这样一封有些打击人自尊的回信。在怒气的刺激下,沈飞本想写一封信回过去,好好地跟对方讲一讲道理,可就在他准备发邮件的时候,看到了电脑桌面的壁纸,他人生的座右铭赫然出现在眼前。

沈飞迅速让自己冷静下来,告诉自己不要生气,也许这人说得并没有错,他的法语自荐信里说不定真的有很多的错误,而那些错误是他自己没有发现的。他虽然学过法语,并通过了一定的考试,但不代表他使用起它们来能够像中文一样得心应手。如此说来,他要是真的想得到一家法资公司的工作,那他必须重新开始学习法语,直到可以流畅地使用它们为止。

想到此处,沈飞忽然觉得这个人并没有侮辱他,甚至还帮了他一个大忙。要不是对方的这封信,他还意识不到自己的诸多问题。于是,本来想要写封邮件跟对方人事好好理论一番的他,临时改了主意，因为他知道，写封邮件去理论的效果不一定有感谢对方来得妥当。

很快沈飞就给对方公司回了邮件，他在邮件里面是这样写的："能够收到你们的回信实在让我太意外了，迄今为止，你们是我遇到的唯一一家会认真且严谨地回复求职者的企业，这让我看到了贵公司务实的企业作风。您能够不嫌麻烦地给我回信实在是太好了，尤其是在贵公司并没有秘书兼法务这个岗位空缺的时候，您回了这样一封信给我，让我感到被重视。很抱歉把贵公司的业务范围弄错，我这边之所以会给您写自荐信是因为我向别人打听进出口公司，别人将您介绍给了我，说您是这个行业的领袖人物，所以我才冒昧地给您写了自荐信。我觉得很惭愧，本想通过法语的自荐信给自己争取一点机会，没想到出了错。因为您的建议，我打算重新投入学习当中去，来改正我的错误，感谢您的提点，让我走上改进的道路。"

本来沈飞想着这件事情到此结束了，回这封邮件也是出于社交礼仪。但让他意外的是，没过几天，他就收到了这家法资公司人事部的邮件，说是企业的董事长想要见他一面。沈飞欣然前往，跟董事长来了一次深入的沟通，虽然没有机会进入这家企业，但是从董事长这里得到一个到他朋友公司工作的机会，并且福利待遇都十分不错。

通过这个故事，让我们明白了与人为善的魅力，懂得了主动化解矛盾有助于提升个人的形象。至少在这之前沈飞跟这家公

067

司完全没有联系，但是一封放低姿态和主动示好的邮件，让沈飞有了跟他们董事长接触的机会。这对于沈飞来说，这真是意外之喜。

人们常说，生活是一面镜子，你如果笑着对它，它亦对你笑；如果你哭着对它，它亦会对你哭。同理，我相信，与人为善，你得到的一定是善意的回报，而你的恶语相向，得到的必定是他人的愤怒和消极。

与人相处免不了会出现摩擦，就像唇齿相依，吃个饭牙齿偶尔还会咬到自己的嘴巴。矛盾的产生，如果不是触及原则和底线，那么一味地斤斤计较、僵持不下，只会是两败俱伤的结果。有时候，适时退让，就能化干戈为玉帛，从而得到人际关系和谐融洽的效果。

清朝年间，文华殿大学士兼礼部尚书张英在桐城有一处宅邸，宅邸里住的是张英的母亲，邻居是同朝供职的叶侍郎。当时两家因为宅邸的院墙发生了一些纠纷。不过是三尺墙头，一度大动干戈。张英的母亲特地修书一封给张英，看完信件的张英心中顿时感慨万千："千里家书只为墙，让人三尺又何妨？万里长城今犹在，不见当年秦始皇。"于是，张老夫人立即命人将院墙退了三尺。邻居叶侍郎见状十分惭愧，随即也命人把院墙向后挪了三尺。从此，叶、张两家一直保持着十分和睦的关系，最后结下通家之谊。

古往今来，诸多名人良将以与人为善、主动化干戈为玉帛出名，优秀的人身上自然有着大多数人身上没有的良好品质，要知道成功绝非偶然。诸如《将相和》里面的廉颇和蔺相如，最后以廉颇"负荆请罪"，二人和好共同保卫赵国为结。

为什么说与人为善是最上乘的生活技能？它的艺术感在于"四两拨千斤"，主动求和能让原本尖锐的事件平和下来，让紧张的人际关系缓和下来，让尴尬的气氛融洽起来。有什么比和睦融洽的关系更重要呢？

也许我们不能像圣人一样，对于生活里的恶人产生爱与关怀，但至少我们可以主动选择原谅和理解。因为主动原谅，所以才不会纠结其中，才不会因此而苦恼。这样说来，善于化敌为友是不是一件低成本、高回报的做法呢？

长线心理：要懂得放长线钓大鱼

古时有一句俗谚说得好："线儿放得长，鱼儿钓得大。"这句话常常用来比喻做事要从长远打算，虽然不能立刻收效，但将来却能得到更大更多的好处。

人的一生要经历很多事情，有些事情不可能马上办到办好，所以，我们要学会精雕细琢慢慢研究，从长远的角度来规划，才会获得更大、更长远的利益。

有一个年轻人，他的毕生梦想是成为一个富人。但在他有限的资源内，通过各种努力，始终离自己的梦想差一步，这让他觉得自己的梦想越来越遥不可及。

有一天，他在路上散步时，偶然碰到当地出名的富翁，他喜出望外，鼓起勇气上前向他请教成功之道。

富翁当时没有给他讲什么大道理，而是回到家拿出了三块大小不等的西瓜放在青年面前说："年轻人，如果每块西瓜代表一定程度的利益，你会选择哪一块呢？"

年轻人不假思索甚至带着些许笑意地回答道："哈哈，要让我选当然是最大的那块啦！我想只要是个明白人，都能一眼看出来哪块西瓜最大。"

富翁笑了笑，说："那好吧，请你快快享用吧！"富翁把最大的那块西瓜递给年轻人，自己则挑了最小的一块吃了起来。

很快富翁就吃完最小的一块西瓜，随后，他拿起桌上的最后一块西瓜得意地在青年眼前晃了晃，大口吃了起来。

然而，这时候年轻人嘴里的那一块最大的西瓜还没有吃完，即便等到他吃完，年轻人也没有吃第二块西瓜的机会了。

年轻人顿时就明白了富翁的意思。虽然富翁吃的第一块西瓜没有自己的大，但最终的结果是富翁比自己吃得多。如果以西瓜代表一定程度的利益，那么富翁占的利益的确比年轻人多：富翁吃了两块，年轻人只吃了一块。

他只顾着眼前,他只是单纯地以西瓜的大小来区分利益,却没有想到贪多嚼不烂,自己看似抢占先机吃到了最大的那块西瓜,但是事实上一把抓过来的东西还没消化掉时,别人已经赶超了。

年轻人也明白了为什么自己不能成为富人的原因:一个鼠目寸光,只顾眼前的人是无法成功的。其实自己努力的程度还远远不够,目光不够长远。想要成功,一定要将目光放得长远一些,考虑得多一些,才会赢得成功的青睐。

我们要懂得放长线钓大鱼。大部分的人出生于普通家庭,没有一定的财力和背景,做事情总要靠着自己的努力才行,但往往有些人喜欢急功近利,喜欢立竿见影,幻想一朝暴富,梦想天上掉馅饼。虽然有人能迅速完成自己的财富倍增,早早过上自己想要的生活,但是那只是极少数人的运气而已,更多人需要一步一个脚印,踏踏实实地努力做,用自己的辛苦、用自己的奋斗、用自己的智慧和情商打拼出自己美好的生活。

在事业上,我们也要懂得"放长线钓大鱼"的道理。古往今来,例子比比皆是。

唐代京城中有位窦公,为人聪明伶俐,极善理财。可是他的财力基础十分薄弱,纵有一番本领,也难以施展赚钱的本领。

窦公在京城中四处逛荡,寻求挣钱的门路。某一天他来到郊外。看见此处青山绿水,风景十分美丽,并且在这儿有一座大的宅院。他沿着宅院向周围村庄的村民一打听,这座宅院原来是一个权要宦官的外宅。

他来到宅院后花园外头,看见一处水塘。塘水十分清澈,直接与远处的小河相连接,有水进,有水出,一直保持活水的状态。但是因为一直无人打理,显得有些凌乱肮脏。窦公心想:生财之路来了。他联系到水塘主人,一番说服之后,水塘主人觉得那里是一块不中用的闲池,就以很低的价格将水塘卖给了他。

窦公买到水塘,又借了一些钱,请人把水塘砌成石岸,疏通了进出的水道,在水道旁又种上莲藕,养上金鱼,围上篱笆,种上玫瑰。这样一个闲置的水塘顿时被窦公打理得生机勃勃,看着让人好生喜欢。

第二年春暖花开的时候,那名将水塘卖给窦公的权要宦官休假在家,逛后花园的时候闻到了花香,沿着花香一直寻过去,眼前被他闲置的水塘令他大吃一惊。水塘的改变之大让他难以置信,这真是之前他卖掉的那个水塘吗?窦公看到宦官的表情,知道"鱼儿"要上钩了,立即将此地又奉还给了宦官。

这样一来,两人成了朋友。有一天,窦公装作无意地向宦官提起他想去江南走走,宦官忙说:"我给您写上几封信,让地方官吏对您多加照应。"

于是窦公带了这几封信,就直接去了江南。到了江南之后,他往来于几个州县之间,贱买贵卖,同时他又有官府撑腰,没有几年便赚了大钱,而后回到了京城。

之后的一段时间,他又看中了皇宫东南处的一大片低洼地。

那里因为地势低洼，地价并不昂贵。窦公买到手之后，雇人从邻近高地取土填平，然后在上面建造了馆驿，专门接待外国商人，并且极力地模仿不同国度的不同房舍形式以及招待方式。因此一经建成，便迎来了许多的顾客，连那些遣唐使都十分乐意去住。同时又辟出一条街来，建了赌场、杂耍场甚至妓馆，把这条街建成"长安第一游乐街"，这条街日夜游人爆满。不出几年，窦公通过这些产业挣的钱数也数不清，成为海内首富。

这个故事告诉我们，如果我们想办成一件有一定难度的事情，不妨先尝试着为这件难事做一些前期投入，要先舍得撒出鱼饵，才能钓到想要的鱼。

对于我们的事业，同样要懂得放长线钓大鱼。我们刚出来工作时，想得相对不够全面，我们要懂得低调一点，隐藏一点，压缩一点。当我们拥有了一定的能力、一定的机遇，同时学会付出一些自己的资源，那么，钓到你事业上的大鱼，自然是手到擒来。

当然，追求爱情也要懂得放长线钓大鱼。有人说，遇到自己喜欢的人时，要把握机会马上去追，不然可能就会错失机会。可往往那些遇到自己喜欢的人立马就去追求的人，仓促的追求导致无的放矢，反而会让对方觉得其实你不懂我的心，成功率反而不高。相反，当你遇到了自己心仪的对象，懂得"放长线钓大鱼"的道理，那么成功率就高了。当你遇到自己心仪对象的时候，你花很多时间和精力，做好了准备追这条大鱼的前期工作，那么，你再出手追求,相信你会减少爱情路上的绊脚石,从而胸有成竹地捕获爱情的大鱼。

生活、感情、工作,人生在世无非这些东西。总有些事情需要我们用等待的心态去迎接,总有些事情需要我们用筹谋的姿态去追求。

放长线钓大鱼是生活的智慧,人际关系中放出的长线只会为你积攒实力,而有实力的人又何愁没有人脉资源呢?

很多时候,你想要的东西无法一蹴而就,就像酿酒,经得起时间的打磨和浸润,才越发香甜可口。人生如酒,越沉淀越香醇;生活如浓茶,越熬煮越浓郁。

学会放长线钓大鱼,我们才能成功地钓到名为"成功"的这条大鱼,我们的人生才会像芝麻开花一样——节节高。

皮格马利翁效应:热切的希望可以变为现实

很多人抱怨在人际交往中,能交到真正知心的朋友实在是太难了。为什么呢?因为在人际交往过程中,很多事情并不总是按自己原先预期的那样发展。

我也不例外。最近,因为工作和生活都遇到了瓶颈,我更是觉得跟人打交道是一门值得好好研究的学问。我实在是不明白，为什么我的助理孙婷婷在工作时总会频频出一些差错？有些工作并不存在很高的技术性问题，比如打印项目计划、招标书的时候，不是纸张选择错了，就是内容上的文字颠三倒四、标点符号乱用等。在我看来，这些问题只要细心即可，可是她却一再犯错。我是部门经理，看到这样的情况便严厉批评了她，但是情况似乎并未得到改观，却让上下级同事关系变得微妙起来。而且，我在生活上和老公的关系也出现了嫌隙。也许是因为他的工作压力大，回家的时间越来越晚，家务也很少做。结果，两个人经常吵架。

这次放假回家，我和父亲促膝谈心，说起了自己的困惑，并请父亲支招。

"除了批评，你就没有用别的办法？"父亲问我。

"是啊。我这个助理呀，好歹也是大学毕业，怎么这么小的错误都改正不过来呢？我实在忍不住便发了脾气。"我生气地说。

"除了工作之外，应该还有其他的事情让你烦心吧？"真是知女莫如父，他了解自己的女儿性格有些急躁，但绝不会因为这点小事就气急败坏。

"还有小刘，我和他最近出现了一些问题。"我如实答道。

"是怎么回事？"父亲关切地问道。

"我现在晋升为部门经理，工作特别忙。而小刘回家的时间比我早，家务却很少做。最近，他的工作也挺忙，回家的时间越来越晚。我忍不住对他发脾气,在家里我们经常吵架。"我说道,没想到工作晋升之后烦恼反而更多了。

"那小刘在家做过家务吗?"父亲问道。

"做是做了,但是很粗糙。地板都拖不干净,房间也是乱糟糟的。"我说道,在我看来,小刘就是在敷衍我,这么简单的事却老是做不好。

"小刘至少做过家务,你不应该太过苛责。"父亲严肃地说。

"爸,你怎么向着他说话?"我大声嚷嚷起来,这太不公平了。

"我不是向着他说话。我给你说说我和你妈妈年轻时候的故事吧,和现在你跟小刘的状态有点类似。"父亲沉默了几分钟后开口,决定采取迂回策略。

"那好吧。"我的语气缓和了下来。

"其实我和你妈妈结婚那会儿,她也不会做家务。我当时事业刚起步,既要忙工作又要操持家务,特别累。有一天,我加班到很晚,就给你妈妈打电话,告诉她今天要加班,请她试着做一顿饭,等我回去的时候就可以好好尝尝她的手艺了。果然,等我回到家的时候,你妈妈已经把饭菜都端上桌了。我尝了尝,饭菜其实很难吃。你知道我怎么对你妈妈说的吗?"

"当然实话实说了。"我说。

"'亲爱的,没想到你做饭这么有天赋。'我是这样说的。"爸爸笑着对我说。

"您为什么要说谎呢?"我不解地问。

父亲没有直接回答我的问题,接着说:"从那以后,你妈妈开始学做饭,还买了烹饪相关的书籍,做饭的手艺也越来越好了。你看,如果我当时说实话,你妈妈还会继续做饭吗?"父亲大笑起来。

"原来如此。"我恍然大悟。

"所以,不管婷婷还是小刘,尽管在你看来,他们做得很糟糕,但你不应该指责,而是应该鼓励他们。这样的话,他们受到鼓舞,做事的积极性也就会提高了。"父亲若有所思地说。

"明白了。"我点头。

后来,我才知道父亲教给我的方法,在心理学上叫"皮格马利翁效应"。利用这个效应,很多丈夫对原本不会做饭、不会做家务的妻子进行了很好的"改造",使其变成了一位能干的妻子,而很多上级也会调教出能干的员工。"皮格马利翁效应"在处理夫妻关系、上下级关系方面有很好的促进作用。

什么是"皮格马利翁效应"呢?这种效应起源于古希腊神话,古希腊的塞浦路斯有一位年轻的王子,他叫皮格马利翁,是一位热爱雕塑的艺术家。有一次,他用一块巨大的象牙雕刻出了一位美丽的少女,并且爱上了她。皮格马利翁热切地希望这个雕塑可以变成真正的少女陪伴自己。最后这位王子的真诚感动了天神,天神运用魔法将他的雕塑变成了一位美丽的少女。

当然,这只是一个美丽的古希腊神话故事,却蕴含了社会心理学上的一个现象,即热切的期望会让我们期望的人变成我们想象的样子,并达到我们的要求。这种按照期望而进行自我改变的心理转变过程被称为"皮格马利翁效应心理"。

在人际交往中,皮格马利翁效应非常适用。生活中上下级关系、同事关系、家庭关系等,都适用于"皮格马利翁效应",我们将自己对他人热切的期望表达出来,并且表明自己相信他(她),被期望的人在心理上就会受到鼓舞,并坚信自己能做到,有了这种激励机制,在现实生活中他(她)就会表现得更加积极,努力朝着我们期望的方向发展。

为什么期望能产生这么巨大的作用呢?因为它代表了一种对人积极的肯定和信任,相信你可以很出色地做到他所期望的那样。每个人都需要被信任,当这种需要得到满足的时候,人们就会充满信心,在生活中就会有更出色的表现。

"说你行,你就行;说你不行,你就不行。"这是对皮格马利翁效应形象的描述。积极的期望促使人向好的方向发展,并且取得进步;而消极的期望则会让人更加消极,促使人向糟糕的方向发展。因此,在工作中,如果上司想要下属把事情做好,就应该信任他,而不是一味地责备他;在处理夫妻关系上,要想家庭和谐,就应当耐心细致地鼓舞另外一方,这样会收获意外的惊喜;在和其他人相处时,对他人的肯定和赞扬,同样能够让他人充满信心。

人际交往中,各种场合下,要善于运用"皮格马利翁效应",那么你的人际关系会变得更好并且更加牢靠。

第四章

这些心理雷区不要碰,人际交往才能拎得清

首因心理：别让第一印象减分

心理学家曾经做过一个实验，让两名同学分别做30道题目：A同学连续做对前面15道题目，但连续做错后面15道题目；B同学连续做错前15道题目，但连续做对后面15道题目，然后让面试官对这两名学生进行一个关于谁更聪明的评价。

结果，得出的结论普遍都是A同学比B同学更聪明一些。事实上，从答对的题目数量来看，A与B两位同学都是答对15道题，根本不存在谁比谁更聪明，但是大家仍然觉得A比B要聪明。这是为什么呢？这就是首因效应，又被称为"第一印象效应"。

为什么我们在初次见一个人时，都会将自己好好地收拾一番？女孩子们或许会化个精致的妆，穿套有档次的衣服，而男孩子们会修整一下胡须头发，佩戴手表袖扣，甚至喷上些许古龙水。可大家一旦熟悉起来之后，渐渐也能接受彼此的素面朝天，那是因为大家都知道第一印象的重要性。

我们常常强调第一印象的重要性，因为第一印象是两个从未见过的人在见面后彼此给对方打上的标签，后期常常会通过标签来回忆起这个人的样子和性格特征。由此可见，第一印象是十分重要的。第一印象的好坏，直接决定了后期对方是否还愿意跟你联系，或者说，直接决定了别人对你的感觉。

陈可有一个很好的男性朋友小方，两人关系非常铁，铁到可以毫无底线地开玩笑。有一次陈可叫上自己的同事小爱吃饭，恰巧小方也在附近，索性三个人就一起吃饭。小方和小爱之前从未见过。在饭桌上出于调节氛围，陈可便开始打趣小方，道："哎，你怎么又胖了？算了算了，你不用点菜了，服务员上杯水给他。"说完陈可就从小方手里拿过菜单，递到同事小爱手里。

小爱是女孩子，腼腆一笑，没说什么。小方是男孩子，听到陈可这么调侃他，只是笑着说了句："是吗，可能最近没控制饮食，所以看着有点胖了。"其实要是换作平时，小方肯定就怼回去了，一定会话锋犀利地在陈可身上讨回来。但是当时的陈可并没有感受到这样的差异，甚至为刚刚逗趣的玩笑而沾沾自喜。

饭吃了一半，陈可又拿小方脸上的痘痘开玩笑，说道："你看你脸上的痘痘，长得都快成中国地图了。"小爱听了陈可的话，仍旧腼腆一笑，什么也没说。这回就连小方也没有接陈可的话，只是笑了笑就继续吃饭了。

临到买单，本来这顿饭说好是陈可买单的，但是作为男孩子的小方还是礼貌性地提出要买单，此时陈可又调侃道："你不是团购小王子吗，这顿饭可不能团购，还是我来买吧！"小方听了这句话尴尬地坐下了，最终都没有说话。

事后一个多星期，小方都没有再搭理陈可，陈可还不知道究

第四章 这些心理雷区不要碰，人际交往才能拎得清

竟怎么得罪小方了，一度觉得莫名其妙。

三个人吃饭的事情过了没多久，陈可被同学邀请参加生日宴会，在那个宴会上有陈可不认识的朋友。同学一见到陈可就说道："哎呀，你人来就好了，还买了礼物呀。你都穷成这个样子了还买礼物干啥！"

虽然陈可跟这个同学关系不错，也知道同学的这句话只是开开玩笑，但是心里仍然有些不舒服，毕竟在场还有很多自己不认识的人。陈可笑了笑，没有接同学的话。宴会到了中程，大家聊起当年艺考的事情，因为陈可当时艺考落榜了，陈可自嘲说自己当时落榜是因为自己长得不像文化人，所以不招老师的眼才落了榜。

哪知陈可的同学顺嘴就把话接了过来，说道："我看是因为矮才落的榜吧！"紧接着自顾自地大笑起来，一众人也跟着笑了笑。陈可当时十分尴尬，也附和着笑了笑，但终究没有说话。那时那刻，陈可的脑海里忽然浮现了一个人，小方。

陈可在宴会结束之后给小方发了一条短信，为那天吃饭开玩笑的事情表示歉意，并对自己的行为进行了反省。好在小方大度，没过多久就给陈可回了一个电话，开口的第一句话就是："我们俩私下怎么互损都没关系，可是在不认识的人面前，你应该给我留点面子。"

从那之后，陈可知道了为人处世里"第一印象"的重要性。朋友之间或许可以相互调侃互损，但是一旦在场有其他从没见过

083

的人，她都会竭尽全力地去帮朋友维护形象，争取留下一个完美的印象。朋友们对于陈可的为人也更加认可，觉得陈可是个值得深交的朋友。

第一印象的建立就像你无形的名片，它的构成，直接决定了你在别人眼中的感觉。而第一印象的好坏，甚至直接决定了你人生道路上的成功与否。

美国总统林肯曾经因为形象的原因拒绝了朋友推荐的一位才识过人的阁员，后来朋友愤怒地用"以貌取人"来责怪林肯时，林肯说了这样一句话："一个过了40岁的人，就应该为自己的形象负责。"尽管对林肯以貌取人的做法有争议，但是我们不能否认的是，通过提升自己的外在形象，来为自己奠定基础，争取好的机会，这样做并非不可取。

心理学家曾经还做过一个测试，让一位戴着金丝框眼镜、手持文件夹的青年学者，一位打扮时髦的白领女性，一位挎着菜篮子、神色疲惫的中年妇女，一位留着怪异头发、穿着潦倒的男青年分别在路边打车。结果显示，这四位参与实验的人，青年学者和白领女性都很容易打到车，其次是手提菜篮子的中年妇女，而留着怪异头发、穿着潦倒的男青年则很难打到车。

通过这个实验，我们再次可以验证第一印象的重要性。人们或许根本不认识这四个人，单凭穿着打扮便产生了主观的判断。或许大多数人都认为，能将自己的外在收拾精细的人，生活态度上不会太差；而那些对自己外在形象很随意的人，生活态度似乎也显得随意，尽管还没说上话，但至少看起来就能够给人很直观的感受。你的外表是否清爽整齐，似乎直接决定了你这个人的可靠可信程度。但事实上，也许那个戴着金丝框眼镜的男青年平日里很刻薄，那个打扮时髦的白领女性平日里很刁钻，面容倦怠的中年妇女只是因为照顾孩子累了，而潦倒的男青年平日里为人非常和善，但这一切在没有深入接触的前提下，都显得无关紧要，人们想到的，只能是人们看到的——那就是第一印象。

所以说，在人际交往中，我们应该注意自身第一印象的建立。一方面是外在的，比如穿着打扮、发型等；一方面是言行举止上的，比如语速语调、行为走动等。第一印象的展现，将直接决定那些你没来得及深交的人对你的看法。而那群人里面，你不知道是不是就藏着你社交圈里面的"优质人脉"，这些人脉将是你人生道路上的无价之宝，有了他们，或许你能够轻易地实现弯道超车。

人生处处是机遇，一切未知里都藏着契机。你的一举一动，都是你个人形象的组成编码，想要社交圈子广，一定要注意你留给人的第一印象！

投射效应：以己度人，不如以人度己

人们往往习惯于以己度人，善良的人总相信这个社会上大多数人都是善良的，而内心喜欢算计的人则认为这个社会上大多数人都工于心计。这种现象即把自己的主观愿望强加给对方的投射现象，在社会心理学当中，这一现象被定义为"投射效应"。

心理学家罗斯曾在大学里通过做实验来研究投射效应。他抽取了80名在校大学生，分别采集他们的意见，问他们是否愿意背着一块大牌子在校园内走动。结果，其中有近50名学生的回答是愿意，并且他们也认为学校里面大多数学生是愿意背着牌子在校园内走动的。而剩下的30名学生则表示他们不会这样做，且认为学校大多数学生也不会这样做。由这个实验可以很清楚地发现，这些学生是将自己的想法和意志投射到了其他学生身上，他们大多数觉得自己会这样做，别人也会这样做。

一位母亲经常在周末带孩子去逛商店，总觉得里面琳琅满目的商品会让孩子开心。可是去了一次之后，母亲发现孩子每次到了要去逛商店时就会显得闷闷不乐，母亲问孩子是不是不喜欢逛商店，孩子只是点头，问他什么原因，他也说不上来，只说商店让自己觉得不开心。母亲一直找不到其中的原因，直到孩子的鞋带松了，母亲蹲下来替孩子绑鞋带，就在蹲下来的一瞬间，母亲看到了前所未有的"恐怖景象"，在她视线范围内全是胳膊和腿，来来往往逛商店的人完全遮挡住了视线，根本看不见那些商品和零食。

母亲顿时醒悟，原来孩子不乐意逛商店的原因正是这个。母亲当即抱起孩子，快速地走出了商店。从此之后，母亲再也不会带孩子去商店了，必要时她会将孩子抱起来，让他的视线高度和自己的一样，看到的东西也一样。在日常生活相处当中，每当孩子问问题或者提出意见时，母亲也都会主动蹲下来，跟孩子保持一样的高度，并尽量从他的角度去看待问题，许多问题都迎刃而解。

为什么孩子不喜欢去商店？因为孩子看到的世界跟母亲看到的不一样！为什么母亲觉得孩子会喜欢逛商店？因为母亲以为孩子看到的世界和自己是一样的。这就是典型的投射效应。

前不久的情人节，老同学在朋友圈发了一张单身狗的图，并附文"没有情人的情人节也一样过"，言辞间虽然潇洒但实则透着一股子心酸，因为大学的几个室友，只剩这家伙没有结婚了，再晃个一两年可就成大龄青年了。

我索性点开微信，开始询问他的感情近况。没过两秒，他就回复了我："别提了，分手了。"

"又分手了？这次分手的姑娘可还是之前我见过的那个？"

"不是,那个姑娘早就已经分手了。"

我正在汗颜他换女朋友的速度之际,他给我打来了电话,开口就是:"给我说说跟女孩子相处的门道呗。"

"你还记得大学时候你谈的那个女朋友陈琪吗?"

"那是我的初恋呢,怎么能够不记得!不过可惜最终没能走到一起。"

"其实你有没有想过谈恋爱分手的最大原因是因为'投射效应'?简单来说就是你的大男子主义。记得同学们出去聚餐的时候,你点菜可从不问陈琪要吃啥,你是四川人,自己喜欢吃辣,回回点一桌子川菜,可大家都知道陈琪是北方人,就算能陪着你吃一点辣,可哪能总是迁就着你呢?"

老同学突然就噤声,我又继续说道:"就好比你觉得巴萨俱乐部的几个球星厉害,就认定哥几个也喜欢巴萨,搞不好人家喜欢皇马呢?有时候,人与人相处,要注意'投射效应',不能老用自己的想法去想别人,这样一来你既没有真正了解过别人的内心,也无从提升自己的社交能力。"

"你这么一说,我好像知道我的问题出在哪里了。今天情人节,我可不想过没有情人的情人节,我要去给我女朋友打个电话认错!"老同学忽然说道,言语间好像顿悟了什么似的。

说起这个老同学,我忽然想起前不久看到的一则小故事。

有一对结婚近 50 年的夫妻,两人相敬如宾、恩爱有加,他们俩又都十分喜欢吃鱼,所以餐桌上少不了鱼这道菜。在过去的

第四章 这些心理雷区不要碰，人际交往才能拎得清

几十年里，每次吃鱼时丈夫总会习惯性地将鱼头夹断，然后再夹到妻子碗里，叮嘱她多吃鱼头，说营养健康，然后自己默默地将鱼尾巴夹到自己碗里，嘴巴上说道："我来吃鱼尾，虽然刺很多，但此处的肉质很鲜嫩。"

在过去的50年里，两人在吃鱼这件事情上似乎达成了一致，丈夫吃鱼尾巴，妻子吃鱼头。时光飞逝，丈夫因为身体每况愈下，终于到了大限之日。临终前，丈夫躺在床上对妻子说道："到此时我也没有什么愿望了，你要是能亲手做一份鱼头汤给我，我就满意了。"妻子惊讶道："你不是一直喜欢吃鱼尾巴吗？"

丈夫苦笑一声，没有说话。

原来，丈夫一直喜欢吃的是鱼头，而妻子一直喜欢吃的是鱼尾巴。但是，丈夫认为鱼头好吃，鱼尾巴刺太多，所以都是主动将鱼头夹给妻子，自己去吃鱼尾巴。而妻子明明是喜欢吃鱼尾巴的，但碍于丈夫每次都吃鱼尾巴，以为他也喜欢吃鱼尾巴，就没有明说。两个人相敬如宾50年，却都默默承受无法享受到的滋味。他们是彼此相爱的，但是在相爱的过程中，用潜意识里的理解去表达自己的爱意。

前不久，我听到一则小笑话：男孩子找来所有好吃的苹果堆在女孩子面前，女孩子仍旧跟男孩子提了分手。男孩子埋怨说道："我都给你找来所有好吃的苹果了，你怎么还生气呢？"女孩子说道："可是我喜欢吃的是香蕉啊！"

"投射效应"的产生屡见不鲜，在人际交往中也有诸多表现

形式。大多分为两类，一个是感情投射，一个是认知投射。

认知投射在陌生人当中相对容易发生。认知投射的产生往往是不知不觉中产生的。比如，某咖啡店的员工在大厅服务过程中感到十分热，他下意识地认为客人也会觉得热，为了避免客户体验感的降低，他便将冷气降低，结果有顾客到服务台要求将冷气调小一些，因为太冷。再比如，某企管培训的讲师第一次到企业授课，在讲到一些他自己认为相对重要的培训技能时会停留过多的时间，结果被企业员工要求加快进度。

感情投射多发生于相熟之人之间。比如学生觉得自己的课业完成得十分出彩，那么对于老师一般性质的评语，在他眼中也会觉得里面夹带着赞美的评价。对于自己喜欢的人，人们多数会越看越觉得喜欢，俗话叫"情人眼里出西施"，而对于那些自己不喜欢的人，则会越看越不喜欢，总觉得对方做任何事情都碍着自己的眼，对方的一举一动都没意思，处处往消极了想。

在人际交往中，我们应该客观理性地看待身边的人与事，尽可能少地将自己的心理活动和认知投射到他人身上，从而引发诸多主观性的猜想和行为。如果总是用自己的想法去考量别人，那么你永远无法了解别人，同样也无法提升自己！

第四章 这些心理雷区不要碰，人际交往才能拎得清

晕轮效应：别让外在假象迷惑你

什么是晕轮效应？在社会心理学中，晕轮效应又称"光环效应"，它是一种影响人际知觉的因素，常常会让人们形成以点代面的主观印象。晕轮效应在人际交往中产生着非常重要的作用，一段关系的开始和结束，均跟晕轮效应脱不了干系。

美国心理学家曾经就晕轮效应做过一个实验。心理学家凯利在麻省理工抽取两个班的学生为实验对象，暂且将这两个班划分为甲班和乙班，让同一个代课的研究生分别给甲、乙两个班的学生上课。

这个实验是临时的，两个班的学生均不认识代课老师本人。原本来上课的教授在这位代课老师来甲班代课之前，是这样介绍他的：这个研究生是我们学校非常优秀的研究生，未来会留校任教，他的多个研究项目成果均获奖。他为人热情、务实、勤奋，善于沟通，喜欢结识不同领域的人。年纪比你们大不了许多，算起来是你们的师兄，让他给你们代一节课感受一下。

紧跟着，代课的研究生给甲班上完课之后，去乙班代课。教授仍在上课之前对这位研究生进行了介绍，介绍内容基本一致，

唯一不同的是教授把对他性格部分的描述做了修改：他务实勤奋，为人严肃严谨。

结果，这个代课的研究生在甲、乙两个班的授课内容完全一致，教学风格完全一致，就连穿着打扮都不差分毫，可是甲班的同学在下课之后跟代课老师展开了非常融洽的沟通和讨论，而乙班的学生则在下课之后纷纷离开教室走了。

凯利通过这个研究，进一步证实了晕轮效应的社会应用，发现很多人会因为一个片面或者一个点的认知，从而进一步形成非常强烈的主观意识，产生"晕轮"。

忽然想起表弟交女朋友的事情，也是因为晕轮效应。我这个表弟长得十分帅气，属于比较讨女生喜欢的类型，经常有亲戚朋友给他介绍对象，每年过年走亲戚被问得最多的就是"交女朋友了没，要不要给你介绍一个"。前不久，家里的微信群里表弟忽然发了一个大美女的照片，然后说道："这个是我新的女朋友，长辈们瞧瞧好看不好看。"

大伙儿一瞧，果然是长得十分好看，跟表弟可以说是金童玉女，相当般配。

表弟宣布自己脱单的事情不过是年中，到了过年的时候，亲戚走动之间就问到表弟了："你跟你新交的女朋友咋样了，啥时候带回家给父母看看？也老大不小的人，该把事情定一定了。"哪知道，提到这个女朋友，表弟就一脸苦大仇深的样子。

"我这个女朋友也是别人介绍的。当时，人家给我看了这女

第四章 这些心理雷区不要碰，人际交往才能拎得清

孩子的照片，我觉得还挺好看的，模样就很讨喜。加上介绍人说这个女孩子父母关系不错，读的学校也行，现在工作也稳定，我就觉得跟我的情况挺符合的，所以就想接触接触。刚开始觉得还挺好的，可时间久了，发现这姑娘特别贪玩，喜欢打手机游戏，喜欢逛街，花钱没什么节制，有时候说她两句脾气还特大，唉，别提了……"

大伙听表弟这么说，纷纷安慰。表弟又继续说道："果然看人不能光看外貌，也不能听别人瞎说，好不好哪能凭一张嘴就认定了，还是得要进一步接触才能下定义。"

表弟的故事其实反映了当今社会上很多人的情况。晕轮效应在现代的人际交往中，体现较多的就是明星们的光环效应。比如我们提到某个年轻的小鲜肉，脑海里就会浮现这个人的大众印象。什么"流量担当""老干部""带货女王""当红花旦"等，都是大众根据这些明星的对外形象而给的设定。

比如某一天，新闻头条上出现"某某男星出轨某某"这样的字眼时，然后吃瓜群众就会发出以下评论：天哪，他不是一直都是居家好男人、好父亲吗，没想到他居然出轨，我再也不相信爱情了。

然而事实上，我们在荧幕和媒体渠道上看到的关于明星们的设定，都是公共影响下的设定，现实生活里面这个人究竟是什么样子我们无从得知。但是晕轮效应的作用，就会让大家对于这个人通过一个点的认知从而演变成非常主观的感觉，比如那个出轨

093

的男性就一定是居家好男人、好父亲。一旦出现与认知不符的事情，大家就会觉得难以置信。

俄国著名大文豪普希金曾求娶了当时有着"莫斯科第一美人"之称的姑娘冈察诺娃，这个美人18岁，当时的普希金31岁。大家都说这两人的结合是郎才女貌，但正是这样的结合让一代文豪陨落。

姑娘虽美，却跟普希金志不同、道不合。普希金的求娶是因为"莫斯科第一美人"的美称，在普希金的认知里，这样一个仪态万方、优雅美丽的女人，必然也拥有非凡的智慧和美好的品质。然而，冈察诺娃根本就对普希金的文学创作不感兴趣。结婚后，普希金在家里分享自己的创作之时，冈察诺娃常常都是捂着耳朵大声地说："我不听，我不听，我对你的那些东西一点儿也不感兴趣。"

冈察诺娃是个时尚的姑娘，她十分喜欢参加舞会酒会。为了夫妻之间的关系，普希金常常陪同妻子参加一些舞会酒会，陪她游乐。普希金靠写作谋生，但是陪同妻子参加那些奢华的舞会酒会就需要大额开销，最后普希金债台高筑，临死之前负债高达12万卢布。

结婚后的第六年，法籍宪兵队长开始疯狂地追求普希金的妻子，引得普希金跟宪兵队长决斗，最后普希金身负重伤而死，一代文豪就此陨落，年仅37岁。

世人将普希金的死，大部分都归咎于那个年轻的女人身上，

第四章 这些心理雷区不要碰，人际交往才能拎得清

认为是她言行举止轻佻，引得丈夫和宪兵队队长决斗，才让普希金死在了情敌的枪口之下。

普希金是因为冈察诺娃"莫斯科第一美女"的光环而心神向往，求娶了当时才刚刚成年的冈察诺娃。因为晕轮效应，普希金忽略了所有潜藏的因素，他甚至不去考虑两人是不是志同道合就做了结婚的决定。现在想起，如果当时普希金娶的不是冈察诺娃，他这颗"俄罗斯诗歌的太阳"也不会过早地被召回天国，只留给人们无限的悲痛和惋惜。

由此可见，在人际交往之中，晕轮效应无处不在，且发挥着十分重要的作用。

首先，我们应该用一个理性的心态去看待那些被"光环"加持的人，除了通过初次接触和第一感受来建立对这个人的印象外，我们还应通过多方面的接触去理性客观地看待别人。其次，我们也要积极塑造自己的"光环"，在人际交往中给别人留下更好的初次印象，就像那个代课老师一样。

懂得为自己的"光环"润色其实也不失为一种建立良好社交关系的方式，有一个"光环"总比没有"光环"要好，人们也会因为这个"光环"而对你另眼相看。

学会做一个有"光环"的人，同时也要做一个能理性看待他人"光环"的人！

贴标签效应：别让成见干扰你的判断

第二次世界大战期间，由于战事吃紧，前方作战人员十分紧缺，一时半会又难以招募到合格的士兵。为此，美国政府从社会上招募了一批年轻人，作为储备战士。这些年轻人大都是社会上的小混混。不仅如此，这些社会青年进入军营后，目无法纪，经常惹是生非。这样的一群人要如何放到战场上作战呢？为此，指挥官用尽了各种招数，但都没有办法改造他们。最后，指挥官只能上报请求，让当局想办法解决这个令人棘手的问题。当局请来了著名的心理学家帮助他们。

心理学家在听完指挥官的介绍之后，想到了解决的办法。第二天，心理学家让指挥官把这群社会青年聚在一起，要求他们每周写一封信回家。但是这群人很多都没念过书，不认识几个字，写信也无法做到。心理学家早就料到会这样，于是帮他们把信写好，内容讲述的是自己在军队里如何服从纪律、如何奋勇杀敌等。总而言之，信的内容都是一些让家人放心并且为此自豪的话。心理学家一遍又一遍地重复告诉他们信的内容，随后让他们把信抄写下来，投递到各自的家乡。每个人抄写的信件内容都大同小异。

半年过去了，军队里所有的人都觉得这些年轻人变得不一样了，他们不再目无法纪，而是像自己抄写的信中所说的那样，变成了英勇杀敌、服从纪律的好战士。

指挥官大为吃惊，问心理学家是怎么做到的。

心理学家笑着说："我不过是给他们贴上了积极的标签，但事实上，他们的行为正相反，为了向标签说的那样靠拢，他们就改变了自己。这是一个心理暗示的过程。"

这个事例说明了"贴标签"对人的心理产生的潜移默化的影响。标签，是贴在商品上，用来说明商品的名称、性质、用途等的小纸贴。而在社会心理学上，"贴标签"指的是给人先下结论，从而导致了人在以后的行为中出现了与结论相一致的行为，也即"贴标签效应"。

在人际交往中，我们经常会听到有人被贴上这样的标签："傻子""二愣子""吝啬鬼""活雷锋"等。

网络世界中，很多娱乐新闻都是不分青红皂白地一顿乱喷，随意给人贴上标签，事实上自己对这个人所知甚少。面对这种情形，很多人都是凑热闹，或者跟风乱喷，但是换位思考，如果被喷的是自己，那感受就完全不一样了。因为这些标签在一般人看来，都不是什么好词。

在人际交往中，一个人被别人一开始就下了某种结论，就像商品被贴上了标签。一旦被贴上了标签，很容易使自己的行为与所贴的标签内容相一致。

我刚进公司上班的时候,就私下里听到同事们跟我说,项目组的小李是个吝啬鬼,让我以后小心点。我记住了同事们的"金玉良言",在平常的工作中,尽量和小李避免经济上的往来,也很少和他接触。

直到有一天,公司工会组织活动,同事们到市郊一家情智学校做义工,才彻底改变了我对他的"标签"印象。大家在给孩子们捐款时,小李捐款数目最高,并且表示今后有时间还会再来做义工。

我不禁大为感动。在回公司的路上,我在车上特意坐在小李旁边,好奇地问道:"为什么同事们都给你贴上了'吝啬鬼'的标签?"

小李坦然地说:"那都是很久以前的事了。我刚好没有零钱借给我们的同事坐公交,就拒绝了。这件事传到公司,大家私底下就给我贴上了'吝啬鬼'的标签。"

我震惊了,原来给一个人贴上了消极的标签会产生这么大的影响,即使这个人不消极,却因为标签而走向了消极。也许有人会说,既然贴标签能给人造成这么大的影响,那么给人贴上积极的、好的标签,这个人就会向好的方向发展,不是很好吗?既然这样的话,那贴标签又何妨?选择积极的标签能让人改变自己,鼓舞他人,有重要的促进作用。但我们忽略了最重要的一点,给别人贴的标签是否客观、公正。在人际交往中,如果一开始就给人贴上好的或者坏的标签，而没有去探究标签内容是否客观、公正，这样很容易恶化自己的人际关系。

社会交际是一张复杂的网，我们对每一个人的评价、看法，都不应当用贴标签的方式，因为人是复杂的，人际交往更加复杂。如果一开始就给人贴上好的或者坏的标签，被贴标签者容易产生抵触情绪，进而影响彼此之间的关系。给人贴标签就好像把人商品化和程式化，给人一种刻板和冷漠的印象，而标签又具有定型的导向作用，无论是积极的还是消极的，它都会对一个人的潜在意识产生强烈的影响。在人际交往中给人贴标签是非常不礼貌的行为，这种先入为主的评价人的方式在人际交往中应当谨慎使用，不仅会伤感情，也显得不尊重对方。

暴露效应：别把自己"裹得太紧"

刚毕业时，我进入一家文化公司做文案策划。我到现在还记得第一天上班的场景：部门经理向办公室的同事们简单地介绍了一下我，然后让我熟悉熟悉工作情况。而童靓，则是部门里第一个主动和我打招呼的女孩。

我正在饮水机前打水，一个女孩走了过来。

"你好，我是童靓。"她笑着向我介绍她自己。

"你好，我叫张莉。"我怯怯地伸出手，感受着新同事传递的善意。

由于在同一个部门，工作上的很多问题，我都会第一个向童靓请教，她总是耐心地把她的经验告诉我：

"这个文案应该这么写，我这里有些参考资料或许你能用得上……"

"这个创意很好，但是试起来会有些困难，我建议你可以这样……"

在童靓的帮助下，我很快就适应了快节奏的上班生活。经过短暂的适应期后，一般的工作我都能应对自如了。与此同时，我和童靓的关系也加速升温，我们从同事变成闺蜜——从家乡的小吃谈到世界上各种各样的美食，从身边的花边新闻说到娱乐八卦，甚至是彼此的穿着打扮也能说个半天。公司的同事们看到我们整天形影不离，打趣地说我们是连体婴儿。我也为收获到这样一份友谊而感到庆幸。不过，在聊天的过程中，我隐隐觉得童靓并不是一个无话不谈的人。她感兴趣的是娱乐八卦等花边新闻，可是只要涉及家庭等隐私，她则闭口不言。有一次，我和童靓在逛街的时候，不经意地问起了她的家庭，她却神情不自然地敷衍了几句：

"我家就在南方呢，没什么可说的。"

我只好故作轻松地顺着她的话说：

"好吧,南方挺不错的,江南小镇,细雨蒙蒙。"

童靓尴尬地笑了笑。

虽然这只是一个小插曲,但是我感觉童靓变了。我们还和往常一样一起工作、逛街,但是我总觉得走不进她的心里。直到她突然辞职,我才想起从其他同事口中听到的关于童靓的另外一件事。

童靓辞职前不久,她和她的邻居闹了点矛盾,两个人因为公共洗手间漏水的问题曾经吵过架,最后还动手打了起来。

"这么严重?都是邻居,怎么也没人帮着劝劝?"我问同事。

"别提了,童靓和自己的邻居都没怎么说过话,那些邻居听到动静,从房门里探探头,看了几眼就面无表情地走了。"同事说道,"你以为她跟你关系很好?其实,她跟几个同事都这样。刚开始,觉得她很热情,时间一长吧,她就不冷不热的。她这个人呀,交朋友不走心。"

我叹了一声,童靓和我关系还不错,但是对我都有所保留,更别说对她的邻居了。也许正是童靓的有所保留,她才得不到邻居的帮助吧。离你最近的人看到你身处困境,却冷漠地选择离开,这是童靓的悲哀。习惯了对所有人有所保留,也就注定了在任何时候都是孤立无援的。在人际交往中,要学会适当地自我暴露,才能得到别人的信任,获得别人的帮助。

"人之相识,贵在相知;人之相知,贵在知心。"心理学家告诉我们:人际交往中,要想赢得别人的真心,首先就要适当暴露自己，表露自己内心最真实的情感、表达自己的想法，这就是人际交往中的自我暴露效应。

人际交往中，我们会发现有的人朋友特别多，虽然他看起来其貌不扬，也不善言辞，但是他们遇到困难的时候，只要一个电话，朋友就会立即赶过来帮助他。而有的人看起来在任何场合都能交到朋友，和任何人都能说得上话，甚至是陌生人也能聊得好似多年的兄弟，却很少有知心朋友。那是因为，这一类善于社交的人大都善于说场面话，什么话能让对方开心就说什么话，交的朋友快而多，却很少有能谈知心话的朋友。这类人的社交能力极强，敏锐不同于常人，聊天中非常谨慎，对自己敏感的话题绝口不提。他们虽然漂亮话说得很多，却总是把自己隐藏得很深，从不暴露自己。社交场合下的人都不是傻瓜，每个人都能清晰地感受到对方的态度，也能感受到对方是出于什么目的接近自己。这两种不同类型的人在社交场合的不同状况，其实和他们的"自我暴露"程度有关。如果在社交中，自己处于明处，对方却处于暗处，让人捉摸不定。一般情况下，人们会选择敬而远之。与之相反，当一个人向你表达自己内心最为真实的想法时，会让你感受到真诚和信任，有时候会因此而获得一生的友谊。

也许有的人会说，社会太复杂，人在形形色色的社交圈子里生活，认识的人也鱼龙混杂，如果对待任何人都选择先自我暴露，那么受到伤害的概率也非常大。因为不是每个人都心存善意，也不是每个人都能够对你表露的真心付之以相同的真诚。这么想的确没错，隐藏自己其实也是自我保护最有效的方式。但是为了避免受到伤害而把自己包裹得像装在套子里的人，结果是别人伤害不了你，但是别人也无法走近你。这样无异于作茧自缚，在困难的时候不会有人向你伸以援手。

因此，在人际交往中，一个人要想和别人建立良好的关系，适当自我暴露是不可避免的。每个人都有对情感的需要，在每个人的内心深处，对情感的需要如同对食物的生理需要，是与生俱来的。一个不愿意做自我暴露的人自然也无法得到别人的信任，无法赢得友谊。并且在人际交往中适当地自我暴露，也有利于自己的心理健康。

面子效应：别为了面子让自己变成棋子

在人际交往中，如果过于注重所谓的面子，很容易让自己陷入困境。

雯雯是我大学同学兼四年的室友，可以说她是我们班上性格最温柔、脾气最好的女孩了，我几乎从来没听到她会抱怨什么。但是最近，她却表现得像个怨妇，几次打电话向我大吐苦水。这与过去的她判若两人，我得好好开导开导她。这个周末，我和雯

雯约好在咖啡馆里坐会儿。到了约定时间,我看着她风风火火地进来,便笑着说道:

"你也有着急的时候?这可不像以前那个慢性子的你了。"

"唉,别提了,我最近都快要疯了。还不是我们项目组的刘经理,简直把我当她的贴身丫鬟了。"雯雯愁眉苦脸地说。

"你电话里没说清楚,那现在跟我仔细说说吧。"我一边把咖啡递到她跟前,一边说道:

"这事说来话长。我刚到这个公司,她是我们的组长。那时候公司在跟进一个项目,刘经理经常加班,中午的时候就让我给她带饭。我当时想也没想就答应了……"

"那她以后不会一直就让你给她带饭了吧?"我顺着雯雯的话往下说。

"你说得没错,从那以后刘经理一直让我中午给她带饭。那个项目结束之后,也让我中午给她带快餐。现在,我中午想休息一会儿都不能了。"雯雯抓着头发,语气里充满了无奈。

"那你就不会回绝吗?"我问道。

"我这不是抹不开面子吗?而且一开始就是我答应人家的。不过,更让我气愤的事还在后头,刘经理后来家里出了点事情,让我借她5万元钱。你想啊,我一个月工资才那么点,省了好久才攒了那么点钱,全借给她了。"雯雯低着头,表现得十分懊悔。

"你真借了?"我追问道,"5万元可不是个小数目,莫不是刘经理看你好欺负?"

"不借能怎么办?"雯雯艰难地开口,"人家都开口了,又是我上司,这点面子总是要给的。不然,以后工作中等着她给我穿小鞋呀?"

"可是你把钱借出去了,以后自己的生活怎么办?"

"还能怎么办?只能省吃俭用了呗。"雯雯故作轻松地说。

"唉,雯雯你这是何苦呢,为了面子把自己一步步推向深渊了。"我叹了一口气,一时之间不知道该怎么劝她。

"你说对了,更糟糕的事情还在后头。现在我们公司又到了岗位竞选的时候,要从各部的项目经理中挑选一位总监。刘经理也是候选人之一,她竟然私下里让我以匿名的方式给她的竞争对手制造麻烦……"雯雯捂着脸,支撑着脑袋,忍不住哭了起来。

"不会吧?这么缺德的事也让你做?"我大吃一惊,暗暗想,这个刘经理看来不是什么光明正大之人。

雯雯没有说话。我想,她今天能来找我诉苦,就说明内心十分挣扎,以我对她的了解,这种损人利他的事情雯雯是绝对做不出来的。我思考再三,还是决定提醒雯雯。

"雯雯,你为什么不拒绝呢?"我问她。

"还不是为了面子,而且我怕刘经理到时候对我印象不好。毕竟,我才刚来公司不久。"雯雯委屈地抱怨道。

"你呀,为了维护自己在公司的形象才答应刘经理各种无理的请求。其实,这和面子没有太大关系。"我说道。

"怎么会没有关系呢?"雯雯不解地问道。

"因为帮人是情分,不帮是本分。你为了面子把自己变成了刘经理的棋子,按照她的想法来不情不愿地做事。"我如实地说道。

"你说得有道理,但是我现在怎么抹得开面子拒绝她?"雯雯犹犹豫豫地说道。

"那你就这么一直任人摆布吗?面子有那么重要?"我实在气不过,明明知道自己做得不对,为什么还要继续?

"刚开始是觉得没多大事儿,能帮就帮了。而且我一开始就答应了她,现在又拒绝的话……"雯雯十分苦恼。

"唉,这次是匿名信,那以后刘经理喊你去杀人放火,你也去吗?"我忍不住讽刺道。

"那怎么会……"雯雯大叫起来。

"那你想摆脱现在的处境的话,就趁早拒绝,撕破脸算什么,是面子重要,还是你自己的生活重要?"我耐心地劝着雯雯,不然她以后的生活恐怕都要生活在刘经理的阴影之下了。

雯雯听我说完,陷入了沉默,看得出她在认真思考。

在人际交往中,很多人或许都会像雯雯一样,被强制服务他人,自己却苦不堪言。末了,因为答应别人一次又一次的要求,最后因为面子而变成棋子。刘经理一开始提很小的请求,在雯雯看来或许显得微不足道,带个盒饭不是什么大事,反正自己中午也是要吃饭的。而且,就这么点小事就拒绝别人,不仅自己抹不开面子,说不定还会给别人留下小气的不好印象,雯雯就欣然答应了。结果小事不小，天天给刘经理带饭已经让雯雯苦不堪言，刘经理还得寸进尺——借钱，吩咐雯雯写匿名信……这些都让雯雯的生活陷入了困境，精神上压力也特别大。

美国著名的社会心理学家弗里德曼曾经做过这样一个实验：他安排一名大学生对一个小区的家庭主妇进行上门拜访。第一次登门拜访的时候，这位大学生要求家庭主妇们在自家的窗户上挂一个"美化环境""安全出行"之类的小招牌，或者请求她们在一份倡议书上签字。那些家庭主妇看这些事情都是举手之劳，都很乐意地照做了。

半个月后，另一名大学生走入了这个小区，请求这些家庭主妇能够在自家草坪上竖起一块巨大的招牌，内容也是"美化环境，人人有责"或者"安全出行、小心驾驶"之类的。并且，要求她们放置两周以上的时间。这时候，家庭主妇们显得有些犹豫了，巨大的招牌显得与环境不符，但最后她们还是答应了。同时，第一名大学生被安排去拜访一些从来没拜访过的家庭主妇，并且直接提出第二个请求，结果都被毫不犹豫地拒绝了。

这个实验成功地揭示了一种社会心理，即操纵者是被惯出来的。一开始，如果为了得到别人的好感或者抹不开面子答应别人的小小的请求或者帮别人一个自认为是举手之劳的小忙之后，就很难拒绝别人以后更大甚至是无理的请求了。这在心理学上被称为"跨门槛现象"。说的是一个人如果进你的家门，已经将一只脚跨入，这时候你很难拒绝他将另一只脚也跨入。一开始很小的请求，也许很多人都会毫不犹豫地答应，但这很可能会导致自己在面对别人更大更无理的请求时无法拒绝。如果在最开始就回绝别人进家门，那么他就无法进来。

无论工作还是生活中，这种操纵者比比皆是。一开始，他们提出很小的请求，例如要求你陪她出去逛街、中午出去就餐的时候顺便给她带一份盒饭、她心情不好陪她去唱歌等，看似平常不起眼的小事儿，却在后来无形之中影响着自己的生活。我还有一个朋友，她和她的闺蜜是从小玩到大的朋友，高中是室友兼同桌，白天黑夜，几乎形影不离，等到上大学的时候，我的朋友却松了一口气，因为她的闺蜜从来都是她喜欢吃什么，自己就只能吃什么；她想什么时候休息，自己才能什么时候睡觉，否则闺蜜就会不高兴。这段友情中，我的朋友始终被她的闺蜜操纵着。

为了面子使自己陷入生活的困境，这种做法，不仅约束了自己的生活自由，而且将自己的生活一步步推入深渊。在人际交往中，为了面子让自己成为被别人操纵的棋子，在人生的棋盘上步步退让，只会让自己走向万劫不复的深渊。

第五章

会求人办事,是一门人际交往的艺术

第五章　会求人办事，是一门人际交往的艺术

求人办事，先要示弱

　　谚语说："一手抓不住两条鱼，一眼看不了两行字。"说的就是人的能力有限，在有限的能力下，我们只能做有限的事情。但是，当今社会，大多数人都是不甘于现状的。他们有想法，有欲望，有需求，有高于现实生活的期望。

　　可是，在有限的能力及资源内，又如何能实现目标呢？

　　适时地示弱和服软，不失为上策。示弱和服软是一种巧妙的智慧，看似卑微，实则极富内涵。

　　我身边有这样一件趣事，恰好说明了求人办事时，懂得示弱的重要性。

　　前不久，我的表弟约我吃饭，其间向我倒起了苦水。他说他最近遇到一件让自己特别苦恼的事情，时至今日仍然想不通，所以约了我这个所谓的过来人吃烧烤，让我疏导疏导他。

　　事情的经过是这样的。表弟读大学的时候有一个关系特别好的同学，这个同学是个富二代，家里条件十分好，上学的时候对表弟十分关照，吃穿用度一向大方。这个同学不光有钱，性格也随和豁达，圈子里如果有同学经济困难的，他常常都会施以

援手。

毕业后，表弟选择了创业，中间遇到点经济困难。当时表弟身上没什么钱，也不想问家里人拿钱，本来是考虑去银行贷款，但有老同学就建议他了："你找银行借钱还有高额利息呢，你还不如找陈铭借，上大学那会儿他对我们哥几个还是比较大方的。你找他借，他肯定会帮你的。"

这句话说到表弟心里去了，创业本就艰难，找银行借钱纵然可行，但是利息算下来也不是个小数目了。于是，表弟就去找这个富二代朋友借钱了。

但是让人意外的是，这个从前一向大方阔绰的富二代同学，却并没有把钱借给表弟。

"我也想不通为什么，从前挺大方且乐于助人的一个人，如今倒不愿意帮忙了。难不成是进了社会之后，大家就都变了？这些钱对于他来说也不算什么，不至于说拿不出来。"表弟一脸郁闷地说道。

"你俩之间是不是闹过什么矛盾或者产生过什么误会？"我也很诧异，听表弟的描述，他的这个同学应该是个性格很和气的人，愿意借钱给那些没有偿还能力的学生，不愿意借钱给有偿还能力的人？这可说不通呀！

"绝对没有！我们俩上学时候关系就一直挺好的，只不过毕业这几年见面少了点，但联系可从没断过。"

"你把场景好好给我描述一下。"

第五章　会求人办事，是一门人际交往的艺术

本来我还不知道关键所在，接下来表弟的一番话让我瞬间找到了症结所在。

"我想着跟他有两年没见了，一见面就提借钱的事实在张不开口，另外为了让他知道我有偿还能力，我去见他的时候好好收拾了一下，穿了一身名牌西装，还找我朋友借了辆宝马车。"

还没等表弟说完，我就打断了他："我想我知道你借不到钱的原因了。在这个社会上，大家都有很典型的仇富心理，你说你一个借钱的人，非把自己收拾得像个成功人士，穿名牌西服，开宝马轿车，你都有钱弄这些行头了，又怎么会没钱做生意呢？虽然你的出发点是好的，你想表现你的偿还能力，但是你这个同学显然不吃你这一套啊！"

表弟听完我的话，似乎有所悟。

"不妨你跟你这个同学说实话，并为借钱那天的着装解释一下，或许这件事会有转机。"我继续说道。

没过几天，表弟给我打了个电话。

"真的太谢谢你了，我那个同学借钱给我了，还进一步聊了下我现在做的这个项目，他表示很有上升空间，想资金入股一起做。"表弟言辞里有藏不住的兴奋，好像中了彩票一样。

"你是怎么跟他说的？"我问道。

"就如你所说，我把实际情况坦诚相告，并为当天的虚荣道歉，然后真心诚意地跟他讲了我现在的难处，他就愿意借钱给我了。他后来说要资金入股我的项目的时候，我仿佛又看到他当初

上大学时候的样子,热忱又随和。"

我听着他在电话那头的描述,心头不禁感慨万千。当今社会,人与人之间的相处的确需要技巧和艺术,本来借钱很小一件事情,但是不同的态度就有了不同的结果。

表弟的同学其实并非没有借钱的实力,只不过是他看到表弟一身名牌穿着,开着宝马香车,这样一副高调的打扮如何让人愿意把钱借给他?

换句话说,能穿得起几万元钱的衣服、开得起几十上百万车子人,真的会窘迫到需要出来借钱的境地吗?把车卖了不就有钱了?既然是借钱,又为何要摆出一副高高在上的姿态呢?

求人就得有求人的姿态,求人办事,示"弱"才是该有的姿态。你的"弱"会激发别人的从善心理,激发人们对弱者的同情心,从而进一步得到别人的帮助。

有时候,一句放低姿态的"请帮个忙"远比那些冠冕堂皇撑场面的话要有用得多。放低的是身段,提升的却是个人形象。很多时候你主动地示弱只会拉近大家的距离。

三本毕业生王心可刚进我们公司的时候,唯独她一个是三本的学生,其他一批进来的都是"211""985"院校毕业的高才生。当时大家也都觉得她是靠人脉才挤进单位的,但是她自我介绍时的一番话一下子就让大家对她改观了,她是这样说的:"大家好,我是王心可,毕业于一所三本学校。在座的各位都是各个知名学校顶尖儿的人才,我深知自己与大家的差距,所以往后我一定会更加努力,希望大家能够多多指出我的不足和缺点,让我更快地进步,为集体尽一份力量。"

人际交往中,适当放低姿态其实更容易达到目的。你看,人在跳跃时,一定要屈膝;人在起跑时,一定要弯腰。放低姿态不是退却,而是冲刺时的蓄力。你还在用强势的姿态面对生活里的一切吗?

求人办事,要找准时机

时机很重要,太早或者太晚,都不如来得刚刚好。就如同父亲做菜时,嘴巴里常常嘀咕的那句话:"不急,少一分不够入味,多一分又会太老,时机到了才最好!"

做菜讲究时机火候,社交当中,求人办事亦是如此。

求人办事时,少一分显得清汤寡水,多一分又盈满则溢。在不对的时机做任何事,都显得不那么完美。就好比打一个移动的靶子,在瞄准的过程中总有最佳射击时机,太早子弹会打在靶子前面,太晚子弹会打在靶子后面,只有找准时机,才能一击命中。

关于找准时机非常重要这一点,我身边发生过一件有趣的事情。

我们组有两个新来的同事,这两个人都有一定的社会经验,并非职场小白。当时我对名叫方龙的新同事印象很深刻,人事部的同事介绍方龙时,言辞里是掩不住的赞赏,只因为这个人业务能力出色,从上一家公司离职也是背着荣耀战绩离开的。

另一位叫陈元的同事则显得低调很多,站在方龙身边丝毫不起眼。业务部门对于这些新力量的加入十分欢迎,尤其是业务能力不俗的人。

方龙在人事简短介绍完之后,立即做了一个自我介绍,言辞间确实展现了不俗的语言组织能力,给大家留下了十分不错的印象。

来公司一段时间之后,两人的差异渐渐就出来了。从数据上来看,陈元的业务业绩确实不如方龙,他俩也常常被部门老大拿出来做比较,老大说得最多的话就是:"陈元你看看方龙,业务能力多好,一起进来的,你得多跟他学学。"

陈元也是腼腆地笑着应下,从不反驳。对于部门老大一而再再而三地在公开场合拿两人做比较,他也丝毫不置气。也是从这个时候我开始注意到陈元的,我意识到陈元之所以能面试进业务部门,一定有他的过人之处,别的不说,光性格这方面就比一般人要好得多。后来发生的事情,一度印证了我的想法。

有一个方龙负责的项目提案出了点问题,想找公司其他领导帮忙,借用一下领导的私人关系。本来也不是什么大事,但凡好

第五章　会求人办事，是一门人际交往的艺术

好说，领导肯定是会帮忙的。但是结果并不尽如人意。

方龙这人业务能力好其实重点在于他执行力很强，有什么事情一定是会严格完成的，但显然，在求人办事上，光有执行力是不够的，还需要有一定的情商和技巧。

关于提案这件事，方龙星期一早上一到公司就先公式化地给领导打了电话，想先跟领导打个招呼再去找他帮忙。未料领导并没有接他的电话。这头客户催得急，于是方龙直接冲到领导办公室门口，敲开了领导的门。领导虽然没有生气，但是关于提案的事情却是不痛不痒地敷衍了几句，最后提案的事情还是没有解决。方龙只好用原本的提案拿给客户公司看，结果客户十分不满意，要求在三天内拿出最后的提案，否则这个单子就不跟公司签了。

部门老大对于这件事情十分生气，严厉地批评了他，说他关键时刻掉链子。方龙很郁闷，在会议上顶了老大两句，场面一度尴尬。此时，一向低调温润的陈元就出来圆场了。

"方龙性子急是急了点，但是出发点也是把这个单子拿下来，老大你也别生气了，当务之急我们应该想想怎么交出提案才是。"陈元笑嘻嘻地说道。

我不禁暗自多看了陈元两眼，觉得他平时不显山不露水，关键时刻还是很聪明的。

当天晚上公司集体去参加一个同事的婚宴，大大小小的领导都出席了。酒过三巡大家也都卸下了平日里的架子，陈元趁机端

着酒杯敬酒，对方正是之前方龙去拜托帮忙的那个领导。三言两语间，只见那个领导拍了拍陈元的肩膀，一脸笑意。

第二天，升级提案的问题就解决了，那个领导给自己的朋友打了个电话，用私人关系解决了我们部门的问题。方龙再次拿着提案去客户公司，项目顺利地签了下来。

事后，老大表扬了陈元。这个项目是一个大单，大家为此付出了好几个月的努力，如果没签下来就等于之前的努力全部白费。

同样是求人办事，求的还是同一个人，方龙去就折戟沉沙，陈元去就马到成功。问题出在哪里呢？其实就是一个时机问题。

方龙没有在正确的时机去拜托领导帮忙。星期一早晨通常是最忙的时候，而且人们早晨的脾气一般都不怎么好。况且方龙给那个领导去了电话，但是领导没有接，说明当时他不是很方便。或许当时领导正在因为什么事情烦心，你恰巧在这个时间横冲直撞地冲进了人家的办公室，人家不跟你翻脸都不错了，又怎么可能帮你的忙呢？所以说这个时候方龙去求人办事，别人不愿意帮忙是在情理之中的。

陈元就不一样了，在酒席这种相对放松的环境下，大家之间的氛围不似办公室里那般紧张，交谈也相对容易，此时求人办事会容易得多。前提是，需要帮的这个忙对于对方来说，容易操作且不会耗费太多时间，如果是大工程，可能还是需要约一个时间，在一个相对安静的环境里去沟通会比较合适。

第五章　会求人办事，是一门人际交往的艺术

再往后的日子，雷厉风行的方龙因为各种业务受限的原因不得不屈居陈元手下，很多方龙解决不了的问题，陈元出马都能顺利解决。一方面，是因为陈元性格好、情商高，知道如何在人际关系中与人斡旋；另一方面，是他知道如何找到最好的出击时机，在交往中占据上风，将主动权紧紧地握在自己手里。

社交关系中，不论是生活上还是工作上，我们不可避免地需要在人际关系网中寻求帮助。对方可能是你的同学，可能是你的朋友，可能是你的同事，也可能只是一个大街上偶遇的路人甲。掌握求助的技巧，已然变得不可或缺。

每一个社会角色的存在都有其特性，他们有不同的社会地位，有不同的观念、个性，有不同的喜好，如果我们需要从他们当中寻求帮助，也是需要一个巧妙而精准的时机的，在那个时候开口往往不容易被拒绝。譬如跟你的朋友聚会的时候，譬如在你帮了同事一个小忙正取得成效的时候，譬如跟你的同学一起缅怀青春年少的时候……

你或许会说，我这人十分独立，素来单枪匹马地解决生活上遇到的所有问题；你或许会说，我这个人内向含蓄，求人不如求己，大不了不做这件事情；你或许会说，我这个人刚正不阿，求人办事从来都是公事公办，你帮我一次我帮你一次即可……但说来说去，我们都绕不开人际交往的闭环，掌握人际交往的技巧，只会让我们的生活锦上添花。

求人帮忙本就是难为情的事，要么你选择不开口，这样至少

面子上不会抹不开，既然开口，必定要让对方答应为好。

你出击的时机不对当然碰一鼻子灰，可要是找准时机的话绝对能让你事半功倍。这门求人办事的艺术你学会了吗？

事后要跟进，将关系变成人情

在这个社会里，人与人之间靠着各种各样的关系将彼此联系起来。你会说这个人是我的同学，这个人是我的甲方，这个人是我的供应方，这个人是我的领导，这个人是……为了让大家看起来有那么一点联系，总得冠上一个名词。可是这样的联系除了显而易见甚至给人感觉冷冰冰的"关系"外，还剩下什么呢？如果拿掉这层关系之后，还剩下什么呢？

我忽然想起了一个关于父亲跟他的一个学生之间的事情，这件事情让我受益匪浅。

因为工作的关系，我在家过年时很少待到初三以后，几乎年年都是初三就返程回到工作岗位了。今年过年时间宽裕，老板大发慈悲给我们多放了几天假，我就在家里一直待到了初五。结果，初五这天我见到了一个我没想到的人。

这个小伙子我三年前见过一次，是父亲的一个学生，品学兼

第五章　会求人办事，是一门人际交往的艺术

优，但是家境清寒，在学校也都是靠奖学金和助学金过活。父亲对于这样的学生也一贯十分关照，在学校期间帮过他一些小忙，但都是举手之劳。

毕业之后第一年过年，这个小伙子就来我们家拜年了，我记得时间是初五，早晨来陪着父亲喝两杯茶就说要走，母亲留他吃午饭，他没吃就走了。

那是第一次见他，当时父亲给我介绍了一下，我还有印象。今年再见到他觉得十分诧异，竟有学生年年来老师家里拜年的？现在不是直系亲属关系的人拜年，大都会选择发发短信以表祝福，很少有人会上门拜访走动的。

我问父亲，这个小伙子是年年都来吗？父亲点点头，他说这个小伙子每年初五都来，每次来都带点家乡的特产来，陪着父亲喝上两杯茶，聊聊工作生活，不吃午饭，然后就离开。每年来之前都会先给父亲打个电话，征询一下方不方便。

再后来，小刘同学结婚，每年就带着媳妇来家里坐一下，仍旧是陪着父亲喝两杯茶，不吃午饭就离去。年年如此，一直这么着有好几年，但凡我过年只要在家待到初五，就能见到他。

我们一家跟小刘一家并非沾亲带故，但因为小刘的为人处世，让彼此的关系更进一步，而不单单是保持着一个师生关系，上升到了忘年之交。

试想，如果小刘不是一个看重父亲跟他关系的人，毕业之后没有经常来看望父亲，或许他跟父亲也就只是一个师生关系。父

亲的学生何其多，如果人人都需要他帮忙，自然是不可能的。

且不说小刘前面多年如一日的拜访是不是有什么目的，往积极层面去说，他这样的做法是在用真心和诚恳加持他和父亲的关系。即便是有深意，至少在我们看来小刘仍旧是一个可靠的人，我们对他人品的信任通过后面父亲做手术的事得到了印证和升华。

前不久看的一部职场热剧里面，香港商业大亨对主人公说了这样一句话："如果你服务了一个客户超过10年，你仍然公事公办，只是维护甲乙方的关系，你觉得客户凭什么不能换一个甲方？"

是啊，如果你服务一个客户超过10年，却仍然只是单纯地将彼此的关系定义为甲乙方，那么，此时此刻但凡出现一个价格、服务各方面都跟你们公司相似的公司，只要别人打出"人情牌"，相信甲乙方合作关系很快就容易出现裂痕。

人际交往亦是如此。如果一段关系过于公式化，那么它就会千篇一律地根据社会实际情况进行化学反应。你不添加催化剂或者其他化学成分，那么得到的成分也就只能是一成不变的反应结果。

我们常常说，种瓜得瓜，种豆得豆。意思是说，你的付出与回报成正比。

在社交圈里这样的现象层出不穷，你的冷淡得到的便是对方的冷淡，你的热情得到的便是对方的热情，你笑颜相加，别人绝不会冷眼相对；你热情似火，别人绝不会冷若冰霜。或许你的主动让别人不适，但是请相信自己，所有的主动都将拉近人际距离，所有的主动都是人际关系的催化剂。

人际关系的好与坏一部分在于对方，但是更大一部分取决于自己。你的妥善经营、你的细心维护，可以让这段关系更加牢不可破。

小刘的故事便是很好的例子，他用自己的方法将一段普通的师生关系上升到了"人情"层面，父亲跟他再不单单是靠老师和学生的关系联系起来，更多的时候，他们像是朋友，像是父辈和子女。总之，小刘对于父亲，已然不像其他学生对于父亲，相信父亲这个老师对于小刘来说，也一定跟其他老师不同。

还在迟疑吗？快回过头去看看那些看似牢固的人脉，有多少是你早已忽略的？有多少是需要你再次跟进拜访的？

或许，当下的你，是不是该拿起电话，约上某个朋友吃顿饭了呢？

礼物送对了,小礼也能帮大忙

人际交往当中,除了学会如何建立一段关系,更重要的是如何维系一段关系,或则说如何利用一段关系。送礼则是最好的润滑剂。

朋友生日,很多人喜欢发上一个红包,备注一段话,算是表达了祝福。可有一类人,他们会投其所好,将礼物送到对方心里。

之前我有一个女性朋友过生日,她邀请一众朋友吃饭。大伙儿也都如约而至。因为是过生日,大家多少都不会空手来。有的人送了大的人形高的玩偶,有的送了女士挎包,有的送了蓝牙音箱……我这个朋友素来喜欢打扮,我根据她的喜好送了瓶当下比较热门的香水,她接到礼物时嘴角笑到耳根,显然她十分满意这个礼物。最后到的两个朋友一个人提了个精巧的小盒子,一个人空着手来。

刚一坐下,这个空手的同学就显得不好意思了,笑嘻嘻地说了句:"你看我这也不知道你喜欢什么,我给你在手机上发个祝福红包吧!"

第五章 会求人办事，是一门人际交往的艺术

我这个朋友嘴巴上忙说道："不用不用，人到就行了。大家聚聚，开心就好。"

另一位提着精巧盒子的同学，送给她的是一支口红，玫瑰花瓣打底，口红放在上面显得精美又上档次，还有一张手写的卡片，上面是祝福的话语。

往后我这个朋友每年过生日，都再也没见到那个在手机上给她发红包的同学，倒是那位送口红的同学成了我们朋友圈里的常客。

再往后，两人在工作上也有了往来。她俩一个是做广告的，一个是做快消品的。快消品公司的广告基本上都由这个做广告的同学接单，做广告的同学也尽职尽责地把提案做好。两个人在工作上互相帮助，都发展得非常好。

后来我问了一下我的这个女性朋友，那个空手来的同学给她发了个多大的红包，她说发了三个六。我又问，那你点收款了吗？她摇摇头，并说道："在饭桌上都说不收了，我又怎么会去点收款呢？况且我要是点了，别人还真以为我过生日邀请大家吃饭就是想收红包呢，这样可太没意思了。"

同样是送礼，那个送口红的同学可能还没有用到600多元，只不过是花了点心思，投其所好，再包装一下，写个小卡片，就获得了别人的欢喜，并进一步发展了自己的人脉。并且，这样的行为不会让人觉得虚伪造作，而是让别人看到了你的真诚和细致。

还有一件事情，也是送礼送对了，才解决了眼前的急事。

有一次过年回家，我跟父亲一起去大伯家里拜年，家长里短间就提到了堂弟现在的工作，我一个工作两三年的人都觉得刚出社会的年轻人能找到这样的工作十分难得。

父亲问大伯："小杰是怎么找到这样好的工作的？"

"说来话长，当时主要也是靠事业二部的陈主任帮的忙。"

"你说的这个陈主任我听说过，可他油盐不进的呀。我很多朋友都找过他，据说想让他帮忙成本很高的！我有个朋友也是为了儿子调动工作的事情找他，花费了不少时间和精力，可是仍然没有安排下来。大哥你是怎么办到的呢？"父亲听大伯说是这个姓陈的主任帮的忙，感到非常惊讶。

大伯便将事情的来龙去脉说了个清楚。

大伯有一回上陈主任家里去拜访他，想当面说一下堂弟工作调动的事情。在谈话间，正巧陈主任当着大伯的面接了一个家政公司的电话。言辞间，好像是因为家里找不到合适的保姆。这个陈主任的儿媳妇刚刚生了一对双胞胎，想找个月嫂帮忙照顾一下，但是找的保姆要么是脾气好而不专业的，要么是学了月嫂专业而脾气差没耐心的，陈主任为这件事急得焦头烂额。

大伯听陈主任一顿抱怨，言辞间满是对家政公司办事不力的指责，同时也能感受到他的焦虑。

大伯当即说道："我爱人老家有个嫂子为人十分细心周到，之前也是做保姆工作的，您看要不我改天介绍给您，先给您儿媳

第五章 会求人办事，是一门人际交往的艺术

妇试一试如何？"

陈主任听了大伯的话，也是死马当做活马医，总不能让自己的孙子没人照顾吧？于是索性答应了下来。

结果大伯介绍的那个嫂子十分对陈主任的胃口，而且为人耐心细致，勤快能干，把陈主任的儿媳妇和两个孩子照顾得非常好。因为这件事情，陈主任特地打了个电话给大伯表示感谢，然后大伯在言辞间稍稍提了一下表弟工作调动的事情，没过几天，表弟工作的事情就敲定了。

求人办事，送个礼很正常，但是大伯的这个"送礼"简直如神来之笔，不费吹灰之力，甚至没花一分钱，还帮伯母老家的亲戚介绍了更好的工作，儿子的工作调动也有了着落，简直一举两得。

很多时候，我们总觉得维系人际关系只要花点钱、说点讨人喜欢的话就行了，殊不知，越是容易做到的事情越显得没诚意。有句话叫做"谈钱伤感情"，能用一定金钱维系的感情，必然会因为更多的钱而致使这段关系破碎。好听的话大家都会说，说几句好听的话就能维系的关系，必然会因为闲言碎语而致使这段关系破碎。

一支小小的口红，替人介绍一个保姆，看起来多么不起眼的"小礼物"，却在人际关系里发挥了巨大的作用。相比之下，那些花费更多成本的送礼，还不如这些"小礼物"的效果好。说到底，送礼要投其所好，送到人家心里。

心意之所以珍贵其实并不在于价钱的高低，而是在于诚意的多少。能用金钱衡量的心意算不上心意，心意在于诚，心意在于情，你用心了对方自然能感受到。

还在为维系人际关系送什么礼而困扰吗？或许你该学学我的那个女同学，又或者你该学学我的大伯，送一份"小礼物"，收获"大回报"！

找对人，让事不难办

出现病痛找医生，出现火灾找消防，消费维权找工商，要打官司找律师，要办案子找警察。生活里，每一件事情我们都能找到与之相对应的人去解决，为什么？因为我们清楚地认识到，不同的事情找不同的人才能解决。生病了找警察是没用的，打官司找消防也是没用的。

同理，在人际交往中，求人办事也要找到对的那个人，只有找到了对的那个人，事情才能不难办。

老张和老李两个人同是科室的副科长，级别不相上下，资历也都相仿。原科长因为晋升要调走，这一调动，科长的位置就空了出来。领导们的意思是从两个副科长里提一个上来接任科长

第五章 会求人办事，是一门人际交往的艺术

的位置，但觉得老张和老李这两个人都不错，也不知道该提拔谁好。最后领导们把接任的决定权交给了原科长，说是提拔谁上来由原科长决定，因为他们朝夕相处，对彼此最清楚不过。

老张性格憨厚老实，学历高，1998年就硕士毕业了，之后留校教了两年书，然后才来单位工作，要比老李晚几年；老李虽然学历不如老张，但是工作时间比老张长，为人处世也相对圆滑。

为了科长这个位置，两个人心里都有自己的盘算和考虑，谁也不想一直当个"副"的，而且这一调动，下一个科长不知道要等多少年。老张和老李甚至觉得，这次机会如果错过了，就很难再有这样好的机会了。

眼看着距离原科长调任不到一个星期了，接任的事情也迟迟没个准信儿。老李想着这样下去可不是办法，就私下里变着法儿地多跟科长接触。为了增加自己的接任概率，老李费尽心思打听科长的喜好，吃的喝的穿的用的，平常有什么爱好。后来得知科长喜欢茶叶和垂钓，于是暗地里也给科长准备了不少金骏眉、大红袍之类的高档名茶，还有高级的钓鱼竿等。一时间，老李跟在科长后面形影不离，似乎科长对老李也十分看好，言辞间对他颇多欣赏。单位甚至有小道消息称，老李是科长的不二人选。

老张见状，想着事情已成定局，也就无暇再在接任这件事情上费心思了，心中虽有不甘，但却无能为力。

晚上回家之后，张太太就问老张，接任的事情有没有戏？老张就老老实实地把单位里的情况跟自己的太太讲了一遍，气得

张太太骂老张是个榆木脑袋,这等重要的事情,难道要坐以待毙吗?

"我这不是没办法嘛,人家老李在单位的时间比我长,而且又会来事儿,科长也喜欢他,接任的事已经板上钉钉了,我再去争取也于事无补呀!说不定再整下去,单位的同事还以为我是个争强好胜的人呢。"老张郁闷地说道。

"这不是争强好胜的问题。老张啊,你要知道这个机会千载难逢,你跟老李两人当副科长多少年了?这要是老李做了科长,又不知道要几年才轮得到你了。你学历、工作能力也不比他差,要是论本事,那也是难分伯仲。可要是在人情往来上输人一筹,你心里难道就不委屈吗?"

张太太随即拿出手机给闺蜜们、牌友们打了几通电话,言辞间似乎是在打听科长夫人的情况。紧接着张太太出了趟门,再回来时,手里抱着几大包高级猫粮和几张高级私人美容会所的护理券。

"你明天就把这几包猫粮和这几张护理券送到科长家里去。"张太太说道,"我打听到科长夫人爱猫,家里养了一只英国短毛。这款猫粮十分高级,送过去应该能对她的胃口;这护理券也十分稀罕,是会所限量对大众开放的,去的都是有权有地位的人。这几张券可是我好不容易才弄到的!"

"送给科长夫人?这是做什么?人家科长夫人可不管单位里升职加薪的事情,你找她做什么!"老张不解道。

第五章 会求人办事，是一门人际交往的艺术

张太太说道："说你是榆木脑袋，你还真就笨上了！我有俩牌友之前和科长夫人一起打过牌，当时科长作陪，言谈间据说科长十分惧内，如若他夫人都帮着你说好话，我相信科长一定会拉你一把。"

老张心想死马当活马医了，成与不成也无所谓，心里已然做了最坏的打算。

第二天一大早，老张先是去单位报了个到，然后找了个借口绕道去了科长家，正好是科长夫人开的门。

老张进去之后表明了来意，言辞诚恳，句句在理。先是搬出自家太太牌友的关系，然后委婉地对科长夫人赞美了一番，随即送上高级猫粮和护理券，表示往后多多走动，最后希望科长夫人能帮自己美言几句，在职场上拉自己一把。

科长夫人看到猫粮和护理券瞬间喜笑颜开，说这礼物送得对胃口，随即又说道："职场上的那些事，我一个妇道人家哪里说得上话，既然是工作上的问题，你还是要去单位里找我们家老方才好。"

老张按照自家太太交代的说了几句，但是科长夫人似乎并不领情，他只好作罢。接着他客气地说道："没事没事，该说的话我都说了，夫人您就当我今天没来过吧。"

当天晚上回去，张太太问老张事情办好没有，老张如实相告，张太太叹气说道："咱们该做的也都做了，随缘吧。"

等到科长调任那天，大家开最后一个例会，主要也是宣布接

任人选。就在大家都以为是老李接任科长位置的时候，科长居然宣布接任人选是老张。

老张不禁感叹，这求人办事，还真是门学问呀，只有求对人，这事儿才办得好。老张看了眼老李，虽然老李面上十分沮丧，但还是坦然地接受了这个结果。

老张的故事告诉我们，求人办事找对人的重要性。在接任决定权上，看似是科长最有话语权，但事实上，有决定权的虽然是科长，但是影响科长做决定的却是他太太。老李做的那些准备工作好像已经是板上钉钉的事情，却不想科长太太的枕边风，让科长改变了主意。

求人办事的关键就跟治病一样，头疼得医头，脚疼得医脚，找到关键所在才是解决问题的根本。只有找对人，求人办的事才能水到渠成。

第六章

说话有温度,与人交往才能有热度

一句良言，如同是三冬暖阳

　　姐夫是急诊科的医生，他要比普通人看到更多的生死离别。从医十多年来，姐夫救治了很多生命垂危的患者，也曾费尽心力却无法力挽狂澜。治好病人当然皆大欢喜，没能抢救过来有时也会面临患者家属的恶言恶语。姐夫说他之所以坚持下来，是因为曾经有一个患者家属给予了他无比的温暖。虽然只有一句话，但却融化了之前所有的疲惫和委屈。

　　有一年急症科送来了一个刚满24岁的年轻小伙，病因是生日宴会上食用了过量的海鲜，并且由于他个人体质的原因，造成了严重的海鲜中毒，诱发了上呼吸道大出血，救护车送来的时候，小伙子已经神志不清了。姐夫所在的急诊科全体医生连续工作了48小时，竭尽全力救治，其间更为了尽快将血库里的血液输送给患者，现场的医生轮流用自己的体温来暖化一袋袋温度较低的血液，可惜的是，最终还是没能挽救这名患者的生命。家属尽管很悲伤，最终还是静静地带走了患者。

　　"我还记得患者妈妈脸上痛不欲生的神情，那是她唯一的孩子呀！"姐夫回忆着，淡淡地说了一句。那之后的几个月，我们整个急症室又陷入了忙碌状态，大家渐渐忘了这件事，直到中秋节的一天，主治医生给我们分享了一条患者妈妈发来的短信：

临床上总会出现各种意外，现实总是很残酷，现在孩子已经入土为安了，相信一切都会好起来的，感谢你们当时的救治，祝愿ICU的所有医护人员身体健康，中秋节快乐。

"说实话，像我们这样每天忙着给病人做手术的医生，对待每个患者都是竭尽全力，同时我们不会记得自己治愈过多少人，能治好他们，我们做医生的已经感到很满足了。偶尔有痊愈出院后的患者给我们发来感谢信，但是像这样来自抢救失败的患者的家属发来的感谢信几乎没有。"姐夫坦言，这条短信给了当时所有参与抢救的医生莫大的温暖，当然，他们都觉得这家人肯定是非常有修养的人。

善心如光，良言如春风。一句话的能量有多大，由此可见一斑。在一个人面对歧途之时，一句呵护、关怀和鼓励的话语，或许能改变一个人的一生，或许能救人一命。

小区里的王姐是专职出租车司机，为人热情，能说会道，但凡家长里短、鸡飞狗跳的事情，她三言两语就能让人心生宽慰。听王姐说话太舒服了，大家都很喜欢跟她打交道。有一次，我们接送孩子的时候碰到了，便聊了起来。

她对我说："跟人打交道的时候，好好说话太重要了，有时候几句话便把一些难题解决了，甚至还能帮助误入歧途的人改邪归正呢。"

第六章 说话有温度，与人交往才能有热度

接着，王姐便跟我讲起一件往事。

去年冬天，王姐晚上载客时，乘客看到司机是个女性，周围没有人，便突生歹念，从怀里掏出刀来威胁王姐把身上所有的现金交出来。王姐望着面孔稚嫩的劫匪，瞬间一愣。

"你当时害怕吗？"我好奇地问道。

"当然害怕，只不过我看着他不像是一个经常抢劫的人，他略微发抖的手似乎在说他只是一时误入歧途。"王姐回忆道。

王姐没有反抗，而是把当天所有的收入塞到了劫匪手里，并对他说："今天挣得不多，你都先拿去用吧！"

劫匪听了，有点发蒙，正在犹豫的时候，王姐又说："在家千日好，出门一时难。我也经历过穷日子，后来开车才混上一碗饭吃。你现在有困难，若非走投无路，不会出此下策。希望这些钱能帮你渡过难关，以后做点小生意，日子总会好起来的。"

劫匪呆住了，本来要拿钱的手缩了回去，而拿刀的手也没了力气。

"看得出来，你不是坏人，我不会举报，你放心吧！"王姐真切地说道。

劫匪低着头没说话，下车后，蹲在路边号啕大哭起来。

王姐从后视镜看到这一切，不禁长长松了一口气。

王姐无疑是智慧的，一番善意的劝慰和引导，不仅让自己免于灾祸，也让一个即将走上犯罪道路的年轻人迷途知返。反之，人际交往中如果不善于说话，无疑会给生活带来不必要的麻烦。

有这样一个故事：

一个大财主想要邀请宾客赴宴，临开席还有一半的客人没有抵达，于是心里十分着急，说道："怎么该来的人还没有来！"

部分已经就位的宾客听到了这句话十分生气，心想该来的没来，那我是不该来的咯！于是有人起身离开了。

主人一看客人离开，内心十分着急，说道："哎，不该走的怎么又走了呢！"剩下的部分客人听到了也十分不悦，心想不该走的人走了，那我这该走的人还没走吧？于是拂拂衣袖走了。

本来高朋满座的现场，只剩下一个跟主人关系比较亲密的朋友，场面非常尴尬。这个朋友对主人说："你刚刚是不是说错话了，咋不想好再说呀！"主人急忙辩解："我本意并不是让他们走啊！"朋友一听，内心十分生气，合着不是让他们走，你是想让我走！于是头也不回地离开了。

这时候厨房饭菜已经做好了，大厨询问主人是否现在开席。主人正在气头上，吼道："吃什么吃，都给我滚！"这时候之前缺席的宾客刚进来，正巧听到这话，于是转身愤怒地离开了。主人见此后悔不迭，狠狠地抽了自己几个嘴巴。

人际交往中，说话是非常有技巧的，假如像大财主请客一样出口不够谨慎，没有顾及其他在场之人的立场，就很容易在无意中伤害别人，从而造成不必要的误会和麻烦。此所谓"说者无心，听者有意"，说的就是这个道理。

"良言一句三冬暖，恶语伤人六月寒。"在医患关系紧张的时候,在医生身心疲惫的时候,一句良言就如一杯熨帖心灵的暖茶,让人有了坚持的信念;在一个人身陷困境、茫然四顾辨不清方向的时候,一句良言又如一盏指路的灯,让人看清前方的那一束光亮。无论是朝夕相处,还是一面之交,一句良言如同三冬暖阳,能够给他人带来无尽的温暖。

口中存有善意,别人自然报以暖意

大学毕业,五年可以说是一个不长不短的阶段。有人做着朝九晚五的工薪一族;有人跳槽多次,还找不到自己的奋斗目标;有人已经事业小成,正踌躇满志准备大干一场。李总属于后者,他离开校园四五年了,现在已经是一个小有名气的旅游公司的老板。

去年我给老妈报团去俄罗斯旅游,认识了李总。他西装笔挺、帅气多金,本以为他是一位妥妥的富二代,一聊才发现他白手起家,靠着自己的奋斗才创业成功。而且他还是位资深的旅游爱好者,在大学期间就已经凭借自己的努力游遍了全国,更是同学眼中的酷少年。

"李总,您为什么选择旅游业作为自己的事业目标呢?"我有些好奇地问道。

"因为我是一个资深旅游爱好者,大学期间我就完成了穷游中国的梦想。"李总微笑着说道。

"那您是怎么在缺乏足够资金的支持下做到的呢?"我忍不住追问。

"穷游虽然有些艰苦,但是我运气好,总能在途中遇到贵人相助!"李总平静地说。

"您是青年才俊,如今事业有成,一定有不少结识贵人的秘诀吧?!"我更好奇了。

"成功倒谈不上,但与人交往的经验还是有一些的。"李总谦虚地说道,"在我最困难的时候,他们给予我的鼓励和帮助让我备感温暖。"

"请您详细说说,我也学习一下。"我追问道。

李总见我有兴趣,便侃侃而谈:"早在2013年,我和另外两个同学一起,三个20多岁的小伙子,决定在大学暑假期间去体验一下首都的生活,于是我们就买了火车票组队去了北京。众所周知,北京这座国际性大都市消费特别高,我们三个人身上加起来总共不到2000元钱。果不其然,不到一个星期,我们就花光了所有的钱。几个人一寻思,总不能坐等饿死,于是我们决定去找个暑假兼职来支撑接下来的生活,多方寻找下来,碰壁颇多。后来,我们终于在一个酒店门口遇见了静姐,一番攀谈下来,才知道我们原来是老乡。在这么个人生地不熟的地方,真是老乡见

第六章　说话有温度，与人交往才能有热度

老乡，两眼泪汪汪啊。

"'小伙子很不错啊，很有闯劲儿！'静姐面带笑意地看着我们。

"'静姐，快点帮我们指点指点迷津，要不然我们可要露宿街头了！'我们像抓住救命稻草一样，激动地迎着静姐的目光。

"'这里的工作很辛苦，而且休息的时间也很少，你们考虑清楚了吗？'静姐认真地看着我们。

"'静姐，你放心，我们不怕辛苦，我们有信心一定会做好的！'我再三保证。

"当时静姐是负责面试我的，我就这样顺利地通过了，成为一名服务员。她像个姐姐一样照顾着我，让我在这个陌生的城市感到一丝温暖。我也没有辜负她的认可，工作上非常卖力，获得了客人不断的好评，也因此获得了一些额外的奖励。每天按时上班，工作的地方与宿舍两点一线，因为要挣钱旅游，所以休息的时候我从不漫无目的地乱逛，也不买零食，维持着最基本的消费，终于在北京挺了一个多月。这期间我不好意思向家里要钱，就这样一边打工挣钱，一边完成自己的旅行计划。

"像这样的穷游我经历了很多次。有一回返程回家时遇到了一个阿姨，我至今还记得她，并且一辈子也不会忘记。当时北京到三门峡的车票是130多元，临走时我几乎身无分文，向朋友借了200元钱，就这样踏上了回家的路。手里的余钱不多，所以在14小时的行程里，我只买了一瓶水和一个面包，然后尽量保持睡

141

眠状态，以免消耗太多能量，也让自己不去注意腹内空空。碰到饭点儿，四面八方飘来的食物香味让我不断地吞咽口水，我就闭上眼睛假装睡着。

"'孩子，来一起吃点东西吧！'邻座的阿姨递过一份热气腾腾的饭菜到我面前。

"'阿姨，谢谢，我……我不饿！'我软软地推了推手，极力克制内心的渴望，然而我的肚子却不争气地咕噜咕噜作响。

"'没关系，吃吧！我买了很多，吃不完！'阿姨微笑着推过来。

"于是我不再拒绝，感谢了阿姨的好意，接着一顿风卷残云。邻座的阿姨一路上跟我非常聊得来，她看出了我的窘迫却没有点破，既照顾了我的自尊，又一路上给我买吃的喝的，让我真的感动得差点哭出来。可惜的是当时手机坏了，她的联系方式也遗失了，这是我这么多年来的遗憾。至今已经过去五年了，我也吃过无数的山珍海味，可当年火车上那一顿饭菜却是我记忆里最美味的珍馐。如果不曾经历过食不果腹，也许你无法体会在饿着肚子的时候，有人给你吃的、喝的，这是一种多么珍贵的体会。当我回到家里时，全身上下只剩5毛钱。

"后来大学毕业后，没有经验也没有资金，我并没有马上开始创业，辗转待过许多城市，北京、深圳、哈尔滨……一边工作一边旅游，体会朝九晚五的生活。每当下班挤在公交车或者地铁里，人群中飘散出的汗味儿像是提醒着你又熬过了一天。等回到出租屋内，鞋一甩，包一扔，整个人倒在床上看着天花板发呆，不知道这样迷茫的日子还能不能坚持下去！

"咚咚咚！'小李呀，在家吗？'

"刚躺下10分钟不到，就传来了敲门声，开门一看，原来是隔壁的李奶奶。

"'快来快来，尝一尝我煨了一下午的汤！'

"李奶奶75岁了，每天的任务就是给小孙子做饭。每次李奶奶熬汤时都会给我带一份。

"'谢谢李奶奶！'我喝着温热的汤，心里暖暖的。

"出门在外，举目无亲，然而幸运的是我总能遇见这样的贵人，他们可能是你周围的陌生人，然而他们言语中的善意却不断地滋养着你。

"'最近店里又有一些大牌的商品快要到期了，不影响食用，可能明天老板会安排低价处理，你赶快来买呀，很划算！'遇见楼下便利店的服务员，他和我年龄差不多，人很热心，知道我刚毕业，经济压力大，每次都很照顾我。

"生活的压力让人变得不再快乐，但在这些陌生的城市里遇见了老乡静姐、火车上出手相助的阿姨、李奶奶、便利店服务员……他们在言语中流露出的善意，像一阵阵暖流包围着我，让我不惧前行。如果没有这些好心人，可能就没有今天的我，所以我尽我所能，努力回报这些带给我暖意的人：我用努力工作来回报静姐的知遇之恩；平日里，但凡顺手，就帮李奶奶提桶水、扔个垃圾,给她的小孙子做一些功课辅导;给便利店服务员一些最实惠的旅游团信息……"李总诚恳地说道。

我不住地点头。那些吃过的苦,终将有一天成为成功路上的勋章;而总有一些人,给你温暖和鼓励,让你撑过那段最难熬的岁月。

人生路上,谁不曾孤独、无助过,但是我们可以伸出臂膀,相互取暖。也许你不曾发现,你不经意间的一句包含善意的话语可能温暖了别人的一生,而这个人也在用自己的方式回馈你所给的温暖。

君子之交,不出恶声

晚饭后8点,一家人正在看电视,此时门外传来咚咚的敲门声,打开门一看是儿子的同班同学彭宇轩。我心里略感惊讶,记得前几天果果才说过因为彭宇轩摔坏了他心爱的水杯,已经跟彭宇轩绝交了。此刻,果果一听说彭宇轩来了,就开心地拉着他的手进了自己房间一起学习编程去了。过了一两个小时后,果果又热情地送走了同学,分明是依依不舍的模样。

"你们不是绝交了吗?"我忍着笑询问果果。

第六章　说话有温度，与人交往才能有热度

"因为语文上课被黄老师点名提问，但我不会，彭宇轩偷偷把答案写在纸条上告诉了我。这之后我们就和好了。"果果一板一眼地说道。

果果的回答，仿佛让我看到了他当初一本正经地告诉我他们绝交了一样。这固然不值得称赞，更不是真正意义上的绝交，可小朋友的纯良天性却着实给我上了一课。彭宇轩在跟果果"绝交"之后，还能够不计前嫌，在果果遇到困难的时候释放善意，这的确是很多成年人都不具备的品质。

成人的世界比孩子的世界复杂得多，多年人力资源从业经验，使HR冯程摸索出了一些验证人才的规律，但凡在面试过程中，她都会询问对方离开上一家公司的原因。后来她把这一个常见的面试情景总结成一个主题："我上一家公司的老板是傻帽。"

"你为什么会离开上一家公司？"上周她面试了一个小伙子，抛出了一道所有HR都会出的题。那个小伙子血气方刚，年轻气盛，开口闭口丝毫不谈自己身上的问题，而是从公司制度到公司人员调用再到公司产品线的规划，挨个咬牙切齿地批评了一番，应该这样，而不是那样……总结起来就是，他的想法很好，但是老板却不用，他是千里马，然而他的才华得不到施展，老板明显非伯乐。

"听完了他的长篇大论之后，我让他回去等待面试结果。"冯程淡淡地说道。

"结果呢？"我不禁好奇道。

145

"结果当然是没有结果！本着对公司负责的态度，像他这样的年轻人我可不敢用！"冯程说道，"有人会有疑问，这个小伙子看起来很直爽啊，职场上阳奉阴违的好像也并非君子所为，所谓君子坦荡荡嘛。实际上，单就小伙子面试上对问题的回答而言，他所表现的并不是真直，而是愚直。首先，公司不是'我感觉'就能出方案的地方，可见其涉世未深；其次，面试场合一吐为快，抹黑前东家形象，抬高自己，可见其做事要么不经大脑，要么工于心计。"

"如果他真的是一匹千里马呢？"我忍不住追问。

"即便他真的是一匹千里马，这样的人也不适合我们公司！这种人难保工作场合不会嚼舌根，通常他们左右逢源、溜须拍马来得很快，表面上满嘴仁义道德，却在背后挑拨离间，说别人的坏话。不仅影响公司正常的工作氛围，搞不好还会影响其他人，造成劣币驱逐良币。有才华但德行不好叫小聪明，而有才华德行也好才是大智慧！如果不能两全，那无论于人于己，都该选择：才华可以不高，但人品不能不好。"

听完冯程的话我不禁点点头，《战国策·燕策》中乐毅有语："君子绝交，不出恶声。"真正有道德修养的人，即使绝交了也不会在背后相互诋毁。人与人之间如此，人与公司之间亦是如此。当下吐槽老板的不在少数，"我的老板是傻帽"的评论就没有停过。其实一个人离职之后，如何评价自己的老板恰恰反证这个人的人品，离职后口出恶言显然不智。

第六章 说话有温度，与人交往才能有热度

　　成年人的绝交，立场分明，划线而治，示意不再有交集。不管是夫妻，还是朋友，居然要闹到"绝交"境地，一定不是让人愉快的事。善始容易，善终则难。当两个人开始一段关系，经营并维持这段关系，双方意气相投，彼此欣赏，互相包容，彼此眼中都是最好的样子。当关系断裂，绝交已成定局，失去了道义的支撑，情感的依傍，每个人所展现出的样子，才是各自的人性底色与品行本相。

　　那么，什么才是绝交时应该展现的人品？

　　魏晋时期，竹林七贤当中的老大名叫山涛，字巨源。七贤中，山涛与嵇康彼此引为知己，他们经常在一起谈天说地、饮酒作乐。山涛的夫人曾说嵇康的才华是山涛所比不上的，但山涛一点也不嫉妒，他为人大度，且愿意为朋友两肋插刀。嵇康在政治上本有济世之志，但内心不服曹魏的统治，迫于司马氏的淫威，也不得不应酬敷衍，因而时常消极避世。与嵇康不同的是，山涛是一个很有见识的人，他谨慎小心地接近权力，以此逐步实现自身的价值。后来山涛官至高位，卸任之际便想到了嵇康，于是向皇帝举荐了嵇康。没承想，嵇康知道之后，公开发表了一篇《与山巨源绝交书》。文中嵇康自比凤凰，怒斥山涛是吃死老鼠的猫头鹰，堪称句句讽刺，不仅十分绝情地表达了对山涛当官这件事的鄙视，认为他是俗人一个，还公开表示再也不会和山涛来往了。这封信给山涛带来了一定的负面影响，主要是那些清高之人自然也跟着贤者嵇康从心里表示一下对山涛的鄙视。从这之后，

147

二人便绝交了。嵇康生性狂放，被当权者所嫉恨，后来被陷害惨死。山涛没有因为嵇康声势浩大的绝交而落井下石，反而视嵇康之子嵇绍为己出，将他培养成才。等到嵇绍28岁，山涛再次向晋武帝上言起用嵇绍，晋武帝非常敬重山涛，于是发诏征嵇绍为秘书丞，嵇绍因而成为一代名臣。

曾有人询问山涛为什么这么做，山涛说："曾竹林月下共同饮过酒，怎忍心风雨飘摇时出暗箭？"一个人在绝交时展现出的模样，是真正的人品。

《阿狸·永远站》一书中说：我们的一生会遇到过八百二十六万三千五百六十三人，会打招呼的是三万九千七百七十八人，会和三千六百一十九人熟悉，会和两百七十五人亲近，但最终，都会失散在人海。

我们这一生，算下来要与很多人深交，最终也会与这些深交的人分离，并不断地结识新的人。其间的相遇可能是因为梦想，可能是因为某种合作，或主动或被动。曾万般不舍地离开你不想离开的人，可能是为了挣脱枷锁；欢欢喜喜离开你想要逃离的人，也可能是被人所疏远。这些，都离不开"交"字与"绝"字，可无论是交往或者绝交，定要心存善意，不出恶声，方显君子之道。

君子绝交，不出恶声，与君共勉！

第六章 说话有温度，与人交往才能有热度

说话留余地，做事才从容

前不久参加本地企业家协会组织的活动，认识了 30 多岁依旧书卷气十足的杜总，一聊才发现短短三年时间杜总的分公司又拓展了五家。上个月分店开业，本地有声望的名人基本都到了现场。据说杜总年轻时给水果店打工，时间长了闭着眼睛都能削得一手好水果，果皮削得又薄又长中间不断，还能复原成一个水果的形状。谈及此事，杜总不以为忤反而面带微笑地拿起一个苹果，削完之后分给大家吃。

"杜总，您是怎么做到现在这么成功的？"我一边啃着苹果，一边好奇地询问道。

"可能是我认识的朋友比较多吧！"杜总含蓄一笑。

"您能够和这么多牛人成为朋友，一定有很厉害的法子吧！"

杜总哈哈一笑，大家也被这个话题吸引了，创业初期做生意确实比较难。想在本地拓展业务，杜总必须多积累一些人脉，主动结识一些有背景有实力的大佬，于是他隔三岔五就请人吃饭。但上层的很多人都看不起杜总的出身，比如知名企业的吴总，屡屡拒绝杜总的邀请，甚至在答应后无故爽约。有一天，他终于决

定去会会杜总,你猜杜总是怎么做的?除了安排身边的秘书迎候,自己也亲自迎接,开口第一句就是:

"老早想约吴总过来坐坐,因为我这里一天到晚人来人往不得空隙,所以拖到今天,还望您海涵!"杜总诚恳地说道。这句话真是绝了,把错都揽到自己身上,好像从来没发生过被爽约的事情。这下吴总也服了,原本因为之前爽约的事情而不好意思,此刻完全没有了心理负担。一顿饭吃完,两人竟成了无话不谈的朋友。

"之后因为吴总的引荐,我得到了不少生意。"杜总感慨地说道,"慢慢地本地的生意也就越做越好。不把话说绝,才能不把自己的路堵死,倘若我揪着之前爽约的事情不放,也就不会有吴总后来的相助了。"

说起来容易,做起来难,杜总能够做到不把话说绝,所以在生意上取得了巨大的成功。而现实中,却常常有人不会把握这个度,把话说绝了,把自己的后路堵了。

有一次老公驱车前往家居建材市场选家具,挑了一天,一家人很疲惫。返程在高速公路上接到一个卖保险的电话,是老公曾经顺路带过一程的,住在一个小区,也算是邻居。谁知电话刚一接通,车上蓝牙设备里传来对方不由分说的谴责:"你今天为什么不接我电话!你什么意思啊?"然后叽里呱啦一大堆话。

"我现在开车,在路上,不太方便接电话!"我跟老公听后非常无语。

第六章 说话有温度，与人交往才能有热度

"不要假装在开车了，不想接电话就明说！我告诉你，这个保险已经是最优惠的时候了，错过了你会后悔的……"电话里尖锐的女声不断地传出。

"我真的是在开车！"老公比较好脾气地解释道。

"我跟你说……"

"那就没什么好聊的了！"老公直接挂了电话，我们心里想着，这样的人真是莫名其妙。即便买保险，我们也是绝对不会去找她的。一路走来，曾遇到过的类似这种把话说绝、把事做绝的事例还有很多，基本上后来都应验了不给自己留余地的窘境，也有曾因对别人痛楚的嘲笑，而反过来给自己带来更沉重的痛楚的。

无论是对待家人或合作共事，都不要把话说满。说话前先设身处地地去思考，用柔软的内心去对待别人，就不至于造成人生重大的悔恨、遗憾。不把话说满，给别人留退路，不仅为自己构建了良好的人脉，营造和谐的交往和生存环境，同时也是一种自我修养。留有余地，才能万事做到均衡、对称与和谐；留有余地，才能做到进退自如、挥洒且从容。

说话幽默，你会更受欢迎

如果要投票选出公司里最受欢迎的人，那么结果将毫无疑问，得票最多的一定是市场部的曾文。曾文，何许人也？高吗？富吗？帅吗？NO，NO，NO，咱不能这么俗套！曾文获评最受欢迎的人，绝对是靠实力！不信？那就听我慢慢道来！

上周末整个市场部同事一起加班完成了一项非常艰巨的任务后，大家身心俱疲。"哇！我越来越佩服我自己了，这么需要才华的工作，我居然都能完成。当然，我知道，是我的颜值起到了关键性的作用。"这么臭不要脸的话一定是曾文说的。哈哈，一看确实如此，但他给大家带来了欢乐。

幽默是一种智慧，充满幽默感的人能让坎坷变成坦途；幽默是一种绝妙的沟通能力，能让陌生人拉近彼此的距离。

这不，上周凯奇和曾文一同临时接到出差任务，两人分别赶赴会场参加一场非常重要的会议。会议结束，凯奇回到公司后整个人灰头土脸，汗流浃背，大呼辛苦。

"唉，别提了！由于时间紧，连早饭都没顾得上吃，就赶紧前往目的地，谁知会场太大了，绕了一大圈，好不容易找到地方

第六章 说话有温度，与人交往才能有热度

却发现迟到了，结果上半场会议没能参加，下半场才得以进入。"凯奇说完对着风扇狂吹。

这时候曾文云淡风轻地走来，衣服一尘不染，翩翩公子模样，大家一看便觉得奇怪。

"你咋这么悠闲，上午你咋参会的？"凯奇气不打一处来，赶紧询问秘诀。大家也都围住曾文。原来那天早上曾文与凯奇一样，发现共享单车进不了会场，如果按照原计划赶赴现场，时间肯定来不及。

正当曾文站在大门口准备步行走到会议中心时，半路上一辆汽车从他身后开来，于是他扬扬手示意汽车停下。汽车停下后，曾文走上前对司机说："劳驾，请问您能不能替我把这件大衣捎到会议中心去？"

司机说："当然可以！不过，到时候我该怎样把这件大衣交还给你呢？"

曾文微笑着说："哦，这很简单，我打算把自己裹在这件大衣里面！"

曾文的幽默打动了这位司机，他微笑着请曾文上了车。

一路上两人有说有笑，很快就到了会议中心。

由于会议已经开始五分钟了，没有证件不得入内，但巧的是这个司机是重要领导人的随行人员，是前来给领导送文件的，路上与曾文相谈甚欢，所以顺带把他也带进去了。"求人难，难求人"，这是很多人在生活中总结出来的感受。曾文希望搭车进入

会场，可是他没有直接说出自己的想法，而是转了个弯儿，跟对方开了个玩笑，给对方一种很亲切的感觉，很容易就得到了对方的帮助。

"人贵直，文贵曲"，幽默就像写文章，有时也需要委婉一点。很多时候不宜把话说得太直接，而是直话曲说，硬话软说，丑话美说，把话说得幽默俏皮，让人容易接受。

很多时候，幽默不仅是一种沟通技巧，还是一种积极乐观的生活态度。据 HR 说，曾文的老婆安妮是个超级大美女，追求安妮的人可以从一楼排到七楼。而家境普通的曾文，凭借着自己的幽默感在众多追求者中脱颖而出，最终抱得美人归。

有一次，安妮因为一件小事要和曾文分手，曾文生气地说："你说的，分手就分手，谁再回来找你谁就是孙子！"结果没过多长时间，曾文就提着一大袋水果和零食回到安妮的家门口，大声喊："奶奶，开门，孙子给你买了好多好吃的。"门后面安妮紧皱的眉头瞬间就舒展开了，笑得合不拢嘴。

"遇到他以前，我常常在想，怎样才是对的人？"安妮不禁陷入回忆，"年轻时的美貌终有老去的一天，我知道自己脾气不好，等我不再年轻的时候，还有谁会一直待我温柔，逗我开心呢？后来我觉得吧，那个能让你一见他就笑的人，才算是对的人。

"人总有心情低落烦躁的时候，有一天，我心里特别不舒服，那时曾文正在和小侄儿以及他的同学们聊天，传来的笑声越

第六章 说话有温度，与人交往才能有热度

发让我生气。我于是站在楼上把曾文狠狠地骂了一顿，看到他脸上笑嘻嘻的，我仍不解气，想都没想就把一盆水直接泼到了他的身上。

"我本以为他会回骂一番，但他并没有这么做，他摸着湿透的衣服，风趣地说：'我就知道，打雷之后一定会下大雨。'大家听完后都哄堂大笑，而我也有些忍俊不禁，没有了生气的理由。

"幽默的男人，不仅懂得如何浇灭对方的怒火，还会随时给对方带来惊喜。如果两个人在一起，哭红眼眶的次数要比笑出眼泪的次数多，那这又有什么意义呢？笑的次数多，彼此也都笑得出来，那么这样的感情才会有未来，日子才有奔头。"安妮感叹道。

有幽默感的男人，往往都具有四两拨千斤的特质，他们能够在对方情绪低落、吵架生气的时候，只用一句话，或者一个动作，就化解对方心中的苦闷与气愤。

如果说曾文因为善用幽默，广受欢迎，赢得了白富美，走上了人生巅峰，那么Rick简直要沦为悲惨的对比色了。Rick是谁？Rick是我大学老师的干儿子，自小在英国读书，某知名大学理工科硕士毕业，家世良好，个人修养极佳，简直就是标准版的高富帅。但最近高富帅相亲却屡遭失败，本来强大的信心都快要彻底崩溃了。

"你这么衣食无忧的贵公子，不可能第一面就惨遭失败吧！"我实在是难以理解，于是好奇地问道。

"那倒不是,只是接下来聊了几次就淡了,也不知道为什么。"Rick双手一摊,表示无辜。

我于是受托给Rick安排了一场相亲,把一个女同事介绍给他,几番接触下来确如其言。

"你觉得Rick咋样?"我向女同事询问。

"Rick很好,只是我们不合适!"女同事面有难色,回答道。

"说重点!"我不接受这个答案。

"他太闷了,没有一点幽默感!"女同事无奈地说道。

正如英国著名作家威廉·萨克雷所说的那样:"生活是一面镜子,如果你对它笑,它也会对你笑;如果你对它哭,它也会对你哭。"当面对生活中的各种不如意时,我们不妨换一个角度来看,用一种幽默的心态,甩掉心理包袱,轻装上阵。一个生性幽默的人,善于制造欢笑,让人产生好感,容易广结善缘,自然到处受人欢迎。

第七章

职场即社会：工作中的人际交往心理

第七章 职场即社会：工作中的人际交往心理

与上级相处心理：宁可远，别太近

在周一的例会上，程经理轻描淡写地说道："杨阳辞职了，项目主管的岗位空出来了，季度考核时会根据大家的业绩内部提拔一个人上来。散会。"

大家面面相觑，却又在程经理离开会议室后彼此露出会心一笑，好像杨阳的离职已是众人意料之中的事情。

杨阳刚来公司的时候还是个小丫头，半年时间被提拔至项目主管，稳坐市场部销冠的位置。这个丫头确实能力出众，业绩做得漂亮，而且为人大方外向，长相也好。头两个月，杨阳跟部门同事打为一团，团队氛围融洽，业务上手之后迅速坐上销冠的位置。程经理对杨阳青睐有加，本身两人年纪相差不过五六岁，站在一起像一对姐妹花。

随着深入接触，杨阳发现程经理是个十分平易近人的人，甚至她认为两人大有发展成闺蜜的势头。她发现程经理跟自己有很多相似的地方，都钟情于某个大牌的口红，甚至连喜欢的颜色也一样；都喜欢在每天上班之前喝一杯星巴克的加浓美式咖啡；手机的壁纸都是某个明星的写真；都喜欢某个悬疑作家写的小说……爱好的相似,导致杨阳跟程经理有了更多的话题,再加上杨阳确实在工作上给力,程经理对杨阳也是十分喜欢,两人关系越走越近。

程经理最近染了酒红色的头发,杨阳看到她的形象不免想起前不久上映的电影里面有个猩红女巫的角色,跟程经理的发色很像,正好两人都喜欢这部电影,索性杨阳就戏称她为"猩红魔女",程经理倒也懒得跟她计较。

因为跟程经理关系好,很多事情,程经理会优先安排杨阳接手,杨阳的综合能力得到了飞速的提升,没过半年时间,杨阳就被提拔为项目主管。

有一天,程经理在洗手间的隔间里,听到了关于自己的闲言碎语,办公室向来就是多事之地,作为管理者的自己难免置身其外。

有同事边洗手边说道:"你说杨阳这么快升主管,程经理有没有私下拉她一把啊?哪有半年就提主管的?"

另外一个同事就阴阳怪气地说道:"哎呀,人家杨阳业绩在那里摆着,不升她难道升你啊?你也不看看程经理跟她的关系,平日里两个人就差挽着手上下班了!"

程经理默默地将两人的话听进了心里,开始有意识地跟杨阳保持距离。但是,显然杨阳没有认识到这一层问题。

有一天,程经理在办公室会客。杨阳手里捏着两张电影票,径自走到程经理办公室门口,敲了两下门,没等程经理应答,杨阳就推门而入，笑道："猩红魔女，我弄到两张电影票，咱们晚上去看电影怎么样？"

程经理瞥了杨阳一眼，道："这里是办公室，风风火火像什么样子？"

杨阳立马闭嘴，眼神一扫，发现在办公室内的沙发上还端坐着一名男子，正神色淡然地望向自己。

没过两天，杨阳就递了辞职申请。原来，那天在程经理办公室的男人是华中区域的老大，特来部门视察工作的。看见杨阳风风火火的样子，内心十分不悦。说这样没有上下级区分的人在公司迟早会出事，如果当时在办公室的是客户而不是区域总经理，那么杨阳的做法丢的将是公司的面子。区域总经理要求将杨阳劝退，尽管她的业绩是第一。

一段没有亲疏之分的上下级关系，让杨阳丢了饭碗，甚至让人们忽略了她曾经是销冠的光辉事迹，沦为谈资的只剩下她不懂分寸的难堪经历。

跟杨阳有同样遭遇的，还有一个叫冯锐的女孩子。

冯锐是张总在座谈会上认识的。当时张总作为行业嘉宾去参加一个交流会，冯锐提了很多精辟的问题并介绍了自己，深得张总欣赏。于是没过多久，张总便将冯锐从对手公司挖到自己手底下做事。

冯锐不光业务能力出色，公关应酬能力也出色。结果，公司内部专门设立的美女公关团队形同虚设，张总外出喝酒应酬总是习惯性地带上冯锐。冯锐不光人长得漂亮，会喝酒，还熟悉业务。其实站在张总的角度想，公司的公关美女们虽然很懂应酬，但是说到业务方面的东西，还是十分欠缺，带上冯锐会有效率得多。

冯锐的业务能力在不受限制的环境下得到最大限度的激发，比在原来的公司工作要更加得心应手，全因为张总的赏识和放权。长期被张总带在身边进进出出，这一度让冯锐一个普通员工在办公室内，连业务经理都要对她避让三分。

人红是非多，这些看似沉溺于水面之下的龌龊言论，在某一天像雨后春笋般纷纷冒出尖儿来。

因为文件忘在办公室，冯锐又从外头折了回来，人还没进办公室，就听见里面的两个女孩子提到了自己。

"冯锐也不知道是真傻还是假傻，人家张总孩子都上小学了，现在的女孩子真的不知道自怜自爱哟！"

"你可别说，冯锐这样子是个男人看了都心动的，更何况能做业务又能应酬，带在身边有百利而无一害！张总何等精明的人，只不过是现在有利用价值，所以才这样对她好，等到哪天没用了，搞不好后面还有李锐、张锐等着呢……"

冯锐站在外头，听到办公室里这些不堪入耳的话，终究没有勇气推门进去。

冯锐自尊心极强，第二天去了公司就开始不动声色地跟业务经理做交接，沉下心来把手上最后跟的案子做完，10天后递

第七章 职场即社会：工作中的人际交往心理

了辞呈。原本张总不批，但听了冯锐的想法后也知道自己做事欠妥，所以让人事部尽快走了流程，一个月才能走的流程三天就走完了。

事实上，冯锐跟张总之间的关系并不像大家所猜测的那样，他俩一清二白，只是单纯的上下级关系。事后，张总写了推荐信，将冯锐推荐到一个朋友开的公司去上班了。

没过多久，张总再见到冯锐时，她的名片上印着的已经是项目总监了。两人明明是旧识，结果在业务合作上，冯锐表现得亲疏有度，不打关系牌，也不刻意见外，分寸拿捏得恰到好处，张总知道现在的冯锐已经成长为一名成熟且合格的职业经理人了。

职场是一个微型社会，里面的人际交往艺术也同样大有门道。上下级之间的关系，就像古时候君臣关系，不论你仕途多么顺畅，多受君王赏识，这层关系之间都存在着一道不可越过的红线。不光不能随意跨过，也不能随意模糊。

领导就是领导，上级就是上级，正所谓伴君如伴虎。跟领导走得近，如果你本身确实八面玲珑，能够将各方面的事情处理得游刃有余，那么和领导走得近确实能成为你工作上的助力，让你顺风顺水。但走得近同样具有风险，因为跟领导走太近，所有的缺点就会被放大，就不容许你有任何差错，一旦有差错必定动一发而牵全身，想退都无处可退。除此之外，跟领导走得太近，容易产生闲言碎语，办公室的唾沫星子很容易就能将一件小事情演变成大事情，男女性别有差异的上下级关系总会被人看做不正当的男女关系,同性别的上下级之间又会被其他同事否认你的工作能力,而将你的晋升和成绩归功于领导的提携和关照。

总而言之,在职场之中,跟你的上级宁可保持一定的距离,也千万不能走得太近。走得近了,说不定哪天一点火星溅到自己身上,而导致最终无法收场。

与同事相处心理:多打招呼少说话

白娜踩着细跟高跟鞋,穿着剪裁得体的职业套装走过茶水间,身后的同事纷纷跟她打招呼。

"娜娜早啊,今天又漂亮了!"

"谢谢,你今天也很漂亮嘛!"

"你今天喷的什么香水,真好闻,给我推荐推荐呗。"

"好的,我这个太甜了,我知道有一款肯定适合你,待会儿我把名字告诉你。"

办公室的一天就是从大家此起彼伏的问候中开始,也将在各类流言蜚语中缓缓发酵,终有一天全面爆发然后迅速消沉。这,就是办公室的特有文化吧。

走过茶水间,白娜看到了我,对我点头示意,我们俩露出会

第七章 职场即社会：工作中的人际交往心理

心的一笑。

白娜这个人是我看着从公司里成长起来的，从刚来公司时候的懵懂无知，到如今的应付自如，那都是吃一堑长一智的结果。

白娜毕业就进了公司，作为管培生招进来成为储备干部。重点大学毕业，本硕连读，人美身材正，走在办公室里就是一道亮丽的风景线。

初入职场，很多东西都不知道是很正常的。但是好在白娜这个人十分聪明，在哪里跌倒就知道在哪里爬起来，否则也不会有今天的白娜。

有一次，小陈在公司的餐厅吃饭，眼睛红红的，整个人状态十分不好。白娜看见了，心里想着一个部门的同事，便接了一杯热水递给了她，还问她怎么了，需不需要帮助。

结果小陈看到白娜就像看见了一个"树洞"，将白娜拉到面前坐下，开始一股脑儿地倾诉起自己的事情来。

原来小陈要跟男朋友分手了。就在刚刚吃饭的时候小陈收到了一条陌生短信，意思是让小陈离开她的男朋友。很显然，小陈的男朋友出轨了。小陈打电话给男朋友求证，结果两人不欢而散。

白娜听着，对于这类事情她也很气愤，同样是女孩子，对于这些事大概会自发地站成一队。白娜耐心安慰，跟小陈说了很多开导她的话。

结果，没过几天业务经理突然走到小陈桌子面前，将报表往小陈桌上一扔，轻描淡写地说道："不就是渣男劈个腿分手，至于吗，你看看你这报表做的，这么简单的数据整理，错这么多。为一个渣男不值得……"

业务经理的声音虽然不大，言辞之间也没有讽刺和调侃的意味，可是这话在沉寂的办公室里飘荡着，却莫名地让人觉得不舒服。

白娜看到了小陈投递过来的埋怨的眼神，忙打了个摆手的动作，她想告诉小陈，她男朋友劈腿分手的事情不是她说的，可是气头上的小陈只会认为是白娜把这件事情说给了其他人。

在小陈心里，她把白娜当倾诉对象，而白娜却拿她当饭后谈资。

但是小陈忘了，那天餐厅来来往往那么多人，她伤心得不能自已，又在公众场合不避讳地说了自己的遭遇，指不定也有其他同事听到了她跟白娜的对话，然后在办公室内传了出去。

从那之后，小陈在工作上就跟白娜不对付，但凡跟白娜相关的事情，小陈基本都是持反对意见，这样一个反对声音的存在，让白娜的工作不可避免地受到了不少阻力。

从那之后，白娜在与办公室的同事相处之道上仿佛顿悟一般，很多时候她懂得了回避。

有同事在上班的时候，端着茶杯站到白娜的格子间旁边，笑嘻嘻地说道："你听说没，新来的方芳好像是业务经理的侄女！"

白娜忽然噌的一下站起来，慌忙道："你刚才说什么？我刚

第七章　职场即社会：工作中的人际交往心理

才在弄一个表，老总急着要，我先打印送过去，有事儿等会儿说。"说完便抱着文件阔步走去了打印室。

同事觉得没趣，端着茶杯走了。

又有一天早晨，有同事见白娜背了最新的纪梵希的包，忙问道："哇塞，娜娜，你这个包得上万吧？男朋友送的？"

白娜刚想回答是的，转念一想指不定被同事传成什么样子，搞不好被大款包养的话也能从爱生是非者的嘴巴里说出来。

"这个包是家里亲戚送的生日礼物，今年是我本命年。不过我也不太认识这个牌子，你不说我还真不知道这么贵呢，包包不过装装东西嘛。我先去忙啦！"

同事讪笑一声，道："你亲戚可真大方啊！"

白娜听同事这样说，只是微微一笑，却没再接她的话。

越往后，白娜在职场人际关系处理上越发游刃有余，少说多听多做事，知道哪些话该说，哪些话不该说，哪些东西自己可以听，哪些话自己不能听。

在年度优秀员工评选上，白娜的支持票以压倒性的优势稳居第一，似乎大家对于这个年轻美丽的女孩子都十分认可。

职场就是如此，正因为不同的人聚在一起，且互相有利益关系，才导致了职场的复杂性。学生时代尚且拉帮结派斗斗嘴，职场又怎么可能风平浪静呢？

正所谓人心隔肚皮，你的一句无心之谈，就可能会成为别人拿捏你的谈资，且不论有意还是无意，枯燥无味的工作里加上些

167

许谈资似乎就让办公室里的人们鲜活起来。所以，很多时候说话比不说话更糟。

当然，职场关系还是要联络，话也自然要说，除了打招呼，我们应该说与工作有关的话，而与工作无关的话，我们除了不主动说，更要学会不主动听。

工作当中的人际关系维系跟朋友之间维系关系可不同，懂得进退有度、保持安全距离、少说与工作无关的话才是硬道理。

有个词叫"祸从口出"，古往今来因为一句话丢了工作甚至性命的人数不胜数，虽说现代社会不至于因为一句话酿造祸事，但因为一句话产生矛盾、产生口角、埋下人际关系隐患却是极其常见的。

如果非要问我该怎么做，那我建议你，多说话不如多打招呼且仅限于打招呼！

第七章 职场即社会：工作中的人际交往心理

与异性同事相处心理：办公室恋情要不得

"你们知道为方媛为什么辞职吗？业绩做得那么好，再熬小半年得升职了吧？"某同事问道。

另一边的同事神色变了变说道："你不知道方媛辞职是因为小张？"

"小张？"

"是啊，他俩前不久不是谈恋爱来着。最近听说，好像是两个人吵架了。方媛那么要面子的一个人，如果两个人分手了，那肯定是待不住了。"

恰在这时小张从走道经过，俩同事噤声。

小张比方媛早来公司两年，是公司的老员工了。方媛刚来公司的时候，很多事情都不太清楚，工作上也需要诸多帮助，这个时候小张的出现可以说是及时雨。一个是娇滴滴的小姑娘，一个是职场上的成熟男性，正所谓"窈窕淑女，君子好逑"，于是，两个人在日常相处当中，逐渐生情。

本来正常谈个恋爱也没什么，可坏就坏在两人在同一家公司，甚至同一个部门。

随着方媛工作的深入，业绩做得越来越好，小小年纪，在一众老业务员里独得头筹，多次销冠奖励都被方媛揽入囊中。

也不知是为什么，本来如胶似漆的两个人，突然某一天在厕所外面吵了起来。有同事隐约听见是因为客户的归属问题。方媛在采集客户信息时，备注了一家广告公司，结果在同一天下午，小张也采集了这家公司的信息。如果按照时间线来看，只有方媛有这个客户的跟踪资格，小张因为落后一步失去了资格。

两人因为这件事情发生了冲突，小张觉得两个人是恋人关系，谁来跟踪不用分得那么清楚，况且方媛当月的客户资源已经饱和，这个客户让小张来跟踪不光能提升当月的考核，还能拿到一笔提成。可固执且要强的方媛认为，一码事归一码事，是谁先采集的信息，客户跟踪的权利就归谁。结果，两人闹得不欢而散。

最后，方媛没有松口，仍旧自己把这个客户的单签了回来。让人意外的是，方媛在做完这个单子后，提出了辞职。

方媛辞职之后，公司里面忽然间就谣言四起，说方媛的辞职跟小张有关。顶不住流言的小张没过多久也辞职了。

办公室是我们从学生转变成社会人之后，每天待的时间最长的地方，有时候是七小时，甚至有时候一天十多个小时都在办公室里度过。在这个封闭的环境里，与异性相处时很容易产生感情，但是我们应该知道，办公室恋情一定不能轻易产生，恋情的产生对于工作有着十分不好的影响。不能说有百害而无一利，但至少大部分的恋情是不欢而散的。

婷婷和小李是大学同学，两个人在大四时发展成为恋人关系。毕业之后，开始找工作。两个人因为感情十分好，小李就建议婷婷跟他找同一家公司上班，但是婷婷觉得两个人在一家公司上班不太好，工作上难免会有交集，到时候容易伤感情。可婷婷本人又不想长时间分开，在小李的劝说下，两人还是参加了同一家公司的面试，然后两人都顺利地通过面试并进入了同一个部门。

刚开始，两个人一起上下班，每天日子倒也过得舒畅，都是新人，工作上互帮互助，仿佛回到大学时期两个人一起上课下课的时候。都说毕业季是分手季，可在婷婷和小李心里，似乎两个人的感情比在大学时候更好了。

没过多久，策划部进行了小组提案制，业绩考核也以提案成功数为标准。让人难过的是，婷婷和小李并没有分到一个组。

婷婷和小李的恋爱关系并不被公司的众人知晓，公司的同事们只以为他俩是大学同学，是校友，每天一起上下班也很正常。两个人小心翼翼地维护着这层恋爱关系。

分组之后，两个策划组之间开始存在竞争关系。从开始的和气相处，到后面的貌合神离，小组与小组之间充满了浓烈的火药味。婷婷和小李似乎也感受到了办公室内的严峻气氛，两人上班时沟通都是偷偷地用手机交流，生怕让自己小组的同事觉得不好。

过了三个月之后,小李和婷婷两个人都顺利地转正。转正后,开始进入小组参与提案的工作。两个小组之间为了竞争一家巨头房地产公司的策划代理,日夜不休地出方案,都希望能够拿下这个客户。

在连续加了十几个小时的班之后,婷婷组的老大终于让大家回去休息,为了打压对面组的士气,故意大声说道:"项目终于做完了,大家回去好好休息。"这天下班婷婷没跟小李一起走。

然而,第二天上班时,不知道为什么,婷婷和小李似乎都感受到了大家对自己的异样眼神,好像跟别人说话时,大家也都不愿意搭理他们了。

婷婷拿出手机,给小李发了条短信:"怎么回事?为什么我觉得大家的神情有点怪怪的?"

小李回复道:"是啊,我也不知道发生了什么事情。"

结果第三天,婷婷和小李的邮箱里面同时收到了辞退邮件,原因是违反公司规章制度,恶意竞争……

婷婷和小李面面相觑,都不知道发生了什么事情。

临到收拾东西离开办公室的那天,一个关系要好的同事跟婷婷说道:"这件事情估计是你俩替人背了锅。昨天上班的时候,有同事看见小李在公交车上牵着你的手,说你俩是恋人关系。我们组提前一天完成提案,结果昨天老大提案的时候,隔壁组的方案先交上去了,跟我们的有些创意重合了。老大就说有内鬼。再加上你们俩这档子事,总不免会让人怀疑的。"

第七章 职场即社会：工作中的人际交往心理

婷婷听到这里，只觉得晴天霹雳。她看了看小李，委屈地流下眼泪来。

两个人好不容易转正的，结果因为这种莫须有的罪名背了锅，双双被辞退。然而事实上，婷婷和小李之间根本没有互通提案内容，两个人都十分小心地维护着这段感情，却不想被有心人穿了小鞋。

后来，婷婷和小李再没有因为难舍难分而选择一家公司，两人甚至选择了不同行业的工作，就担心以后会因为行业竞争或者办公室恋情而影响到彼此。

恋爱本无罪，但是办公室恋情却"有罪"。这也是为什么，现在很多公司严令禁止员工在办公室谈恋爱的原因，更有公司提出如果发现恋爱，必须一人离开公司。

公司之所以有这样的规定，一方面是因为员工谈恋爱影响工作，另一方面是因为公司里面如果有恋爱关系，从某些层面上来说，会对公司的利益产生威胁。譬如一个在财务部，一个在采购部，如果这两个部门的人产生恋爱关系或者婚姻关系，老板能不多想吗？

好感的产生不可控制，但是我们在办公室里与异性相处时，还是应该保持一定的距离。不卑不亢，拿捏好分寸。既是同事，就不要随意僭越逾矩。同事之间就只做同事之间该做的事情。

虽有俗话说"近水楼台先得月"，但同样有俗话说"兔子不吃窝边草"。办公室内的朝夕相处纵然会成为感情发酵的良好培养皿，但是在身边的工作伙伴里找一个恋爱对象，一定是存在风险的。就像兔子吃了窝边草，哪还有栖身之地呢？

如果真的想发展成为恋人关系，你做好放弃工作的准备了吗？

与下级相处心理：不偏不倚，一视同仁

在职场上，我们不光要学会如何跟上级相处，还要学会怎么跟下级相处。因为总有一天，曾经是新人的我们，也会坐上管理者的位置。当我们的位置在一定高度时，就要学习如何用管理者的心态跟身边的人去相处，这同样需要方式方法。其中，最核心的就是"不偏不倚，一视同仁"。

露娜刚进公司的时候还只是一个专员，工作一年之后，晋升为主管。跟她同一批进来的女孩子叫小洁，工作能力和情商都不如露娜，结果成了露娜的下级。

两人之间的关系在一朝之间改变。从前两人是工作中的伙伴，生活中的密友。一起上下班，一起吃饭，一起追剧，一起讨论化妆品等，不存在什么上下级之分，说话也没大没小。然而，当人事任免通知下来的时候，小洁再见到露娜时，就得喊一声主

第七章 职场即社会：工作中的人际交往心理

管了。两个人的工位也做了调整，再不是从前相邻的位置了。

公司开始进入夏令时，上下班的时间发生了变化，考勤标准自然也跟着发生了调整。

然而，小洁因为忘了更改闹钟，结果第二天上班迟到了。

公司内部规定是如果迟到，要根据迟到时间扣工资，或者自己去人事部缴纳当日的罚款。但是小洁想着自己跟露娜的关系好，于是就在手机上给露娜发了条信息，希望露娜能看在是改作息时间的第一天而放她一马。

露娜在收到短信的同时朝小洁的工位看了一眼，恰好，小洁也在这个时候抬头，两人的视线碰在了一起。

小洁本以为，这个事情对于露娜来说是小菜一碟，不过睁一只眼闭一只眼的事情，哪知道，露娜非但没有帮小洁遮掩过去，还在工作群里面发出通知，再次强调了更改作息时令的事情，望大家能严格遵守公司的考勤制度。

结果，小洁十分郁闷地去缴纳了罚款。

还有一次，公司的财务报销审批。按照公司的规章制度，所有跑业务的同事每个月有1000元的车费补贴，但是这个补贴要拿计程车发票或者其他交通票交到主管那里签字，签完字之后才能拿去财务报销。

小洁有些爱占小便宜，想着要是能凑满1000元的车票，能报1000元是1000元，尽管自己跑业务可能没有用到1000元。

结果，审核的发票交上去没有半天，露娜就把小洁以及跟小洁一起跑业务的一个女孩子熊芳叫到自己的办公室里去了。

露娜抽出她俩的报销单里面的四张发票，小洁两张，熊芳两张。

露娜说道："如果我没记错的话，上周的星期二和上上周的星期一，你们俩是没有出业务的，这四张发票的行车费用都是一样的：两张公司到购物广场的距离，两张购物广场到公司宿舍的距离。我好像在你们的朋友圈看到那两天你们俩是下班之后约着逛街去了吧？"

露娜说到这里，小洁和熊芳两人神色一变。

露娜又忙说道："打车要发票是好习惯，这样多出来的发票也可以帮财务冲冲税，但是可不能跟报销的发票放在一起呀。我就跟你们说一下，对一下报销的数据，免得弄错了。这四张发票你们拿回去吧。"

小洁和熊芳刚刚还心里嘀咕着怎么解释这回事，哪知道露娜已经帮她们圆了场，避免了她们的尴尬。

两人走出办公室之后，熊芳立马说道："你看你，还说什么露娜跟你关系好，就算掺了水她也会睁一只眼闭一只眼。结果倒好，为这一两百元钱，你真是把我害惨了。"

小洁听熊芳这样说，只好尴尬地笑了笑。小洁回过头去看露娜，露娜也正好抬头看向她，在露娜的眼睛里，看不到丝毫的闪躲。小洁这才知道自己做错了。

露娜的例子是个正面的例子，她的做法不偏不倚，对待下属一视同仁，以德服人，结果在工作上赢得了大家的信任和由衷的佩服。

还有一个人就不如露娜这般懂得职场上的门道，结果得不偿失。

前不久，公司里来了新前台，模样水灵，人也长得十分可爱，身高也不错，是个做前台的好料子。恰巧这姑娘也姓张，我们都喊她小张。

小张这人嘴巴很甜，每次见到比她大的同事，都是一口一个姐，一口一个哥地叫着，大家对她的第一印象也十分好。

可没过多久，小张这姑娘的工作态度就出现了问题。

因为工作相对闲散，小张就经常坐在前台用手机打游戏，或者看电视剧。被其他部门的领导看到过几回，嘴巴上叮嘱了几句，小张也就打马虎眼过去了。但是说到底，前台人员的编制在我们人事部，出了事情也只能由人事部的领导解决。结果张主任嘴巴上应付说一定会批评小张的工作态度。

有一天，财务部的李哥突然在前台大声说道："你怎么搞的，这么重要的合同你居然忘了寄，人家打电话催了两回了，耽误了合同的入档，你负责啊？"

大家还不知道发生了什么事情，就听到小张说："对不起李哥，我现在就寄，上周五事情太多，我真的忘了。"

"不用寄了，我自己跑一趟吧。今天寄明天才能到，别人等着要。一点小事都做不好，真不知道人事部是怎么把你招进来的。"

原来，上周五财务部的李哥给了小张一份合同，让她务必当天寄出。结果小张给忘了。就因为这事，李哥痛批了小张一顿。事实上，这类事情已经不是第一次了，小张常常因为马虎而耽搁了文件的快递，有时候外面寄到公司的邮件，小张也因为在忙自己的事情，转头就忘了告诉同事。

很多部门的人都在向人事部反映情况，就在我们以为小张肯定会被劝退时，张主任竟然把小张调了岗，调到人事部里面来做人事专员，又从外面招聘了一个前台。

我们正诧异为什么张主任会有这样的安排时，从同事那里听到一个八卦，原来小张是张主任的侄女，小张马上要毕业了，想找个单位做实习报告，所以张主任才让小张来公司里面做前台。要不是因为这层亲戚关系，小张估计早被开除了，哪还可能调岗。

小张调到部门里面做人事专员之后，也是各种错误接连不断，给部门内部的工作接洽增加了不少工作量和麻烦。几个主管相继提出小张工作上的问题，刚开始张主任都会压一压，以小姑娘还没毕业为由，让大家多多照顾。

也不知道其他部门的同事是怎么知道小张是张主任侄女这件事情的，一时间公司对这件事情议论纷纷。

结果张主任顶不住压力，不得不让小张离开公司。本来，在公司一向以好人缘自处的张主任因为这件事情失了人心。其他部门再有招聘需求时，面试轮再也不是张主任一人说了算，每次其他部门进新员工，都需要其他部门的老大发话才行。

正是因为张主任的不一视同仁，才有了今天难堪的局面。

职场上走关系的人不少，但是这些人最终都不会有好下场。员工靠关系，同事看不起。领导靠关系，下属看不起。

一个不公正的领导自然不会得人心，一个不得人心的管理层，又如何做好自己的工作呢？在职场中，与下级相处，不偏不倚，一视同仁，才是王道！

聪明人懂得推功揽过

《菜根谭》中提到："完名美节，不宜独任，分些与人，可以远害全身；辱行污名，不宜全推，引些归己，可以韬光养德。"意思是说，一个真正有修养的人是懂得居功之害的，同时，对于那些会影响自己名誉的事情，也不应该全部推诿出去，适当地承担些许，其实是在修炼自己的德行。

南怀瑾曾这样评价孟之反：孟之反的修养非常高，立身之处，主动揽过，不顾自己安危以保全军队的一兵一卒，从而顺利撤退，以免损及国家。

在孟之反身上发生过这样一个故事：

有一回，孟之反带领的军队打了败仗，被敌人追了多日。在兵荒马乱的情况下，孟之反命令军队撤离，自己策马行走在军队的最后，掩护着大部队撤离。然后在快要到达城门的时候，孟之反才策马扬鞭，赶超到队伍的前面，并说道："并不是我胆子大，一直跟随部队殿后掩护，实在是我这匹马跑不动啊！"

在吃了败仗的情况下，后有追兵，孟之反却不顾自己的安危，跑在队伍的最后面掩护大部队撤离，光是这份英勇就无人能及。与此同时，明明是在掩护部队，却推诿自己的功劳，说是马儿跑不动。要知道，即便是平常走夜路，一个人走在最后都会胆战心惊，更别说在硝烟弥漫的情况下了。

在春秋时期晋国的狱官李离也是一个能够推功揽过的人。

在一次案件的审理中，李离偏听了一位下属的说辞，结果导致嫌疑人含冤而死。后来，等到案件重新梳理之后，李离发现自己大错特错，内心十分惶恐和愧疚。于是，李离就向晋文公谢罪，要求用自己的性命偿还。晋文公听了李离的说法之后，安慰道："这件事情本身错不在你，主要责任还是在你那个没有将案件调查清楚的下属身上，现在事情已经发生，你就不必自责了。"李离听了晋文公的说法，说道："我身在其位，食君之俸禄，一分一毫也没有给到我的下属，现在发生了这样的事情，就要让我把责任都推给我的下属，怎么可以这样做呢？"说完这些话之后，李离就饮剑自刎了。后来，李离以死揽过的做法受到了人们的称

第七章 职场即社会：工作中的人际交往心理

赞和尊敬。

不仅古人有推功揽过的美德，在现代人当中也不乏具备这样美好品质的人。我身边就有这样一个年轻的小伙子，实实在在地给大家上了重要的一课。

小光是一个话很少的男孩子，刚来公司的时候，因为其内向的性格，就被分配到了广告部的张经理手下做助理，而没有跟着业务拓展组的同事出去跑业务。对此，话少的小光并没有任何的异议，而是接受了公司的安排。

跟在张经理手下做助理，虽然不能外出进行业务拓展，但是可以接触到很多客户信息，小光在整理这些资料的时候顺便将这些资料进行了归类和梳理，将有用的信息做了剪报。

有一回，一个外资企业新研发的产品上市，需要进行新一轮的广告公司的提案展示和招标。公司得知这个消息的时候距离截止时间只有两天不到，广告部的同事基本上决定要放弃这家外资公司的提案，因为对这个外资公司的情况、竞争对手等各项信息完全不清楚，现在着手准备的话根本来不及。

也许是傻人有傻福，小光过往整理的企业信息里面正好有这家公司。趁着午休，小光翻出了这家外资公司的调研报告，斟酌再三，小光把这份调研报告悄悄放到了张经理的办公桌上。

当天下午，张经理立即组织大家开始着手提案的准备，有了这份调研报告，时间上会宽裕很多。结果，公司赶在时间节点之前交出了完整的提案，顺利参加了外资公司的招标。

事后，公司的总经理听说了这一事件，特地到广告部进行了表扬，又问张经理是如何在这么短的时间之内把提案完成的。

张经理则谦虚地表示："多亏了我们的新人小光，虽然没有跟着业务组出去拓展业务，但是他把助理的工作做得尽善尽美，在项目开展之前就做了关于这家公司的调研报告。"

众人向小光投去赞赏的目光，一向沉默寡言的小光当即回应道："说起来整理数据不算什么，多亏了张经理平日里的耐心指导和教学，私下总在提醒我多做些储备工作，为以后的拓展工作打好基础。关于这家外资公司的信息资料也是从张经理给我的文件包里找到的。"

张经理看了小光一眼，眼神中有难以言说的赞赏。

总经理说小光是个谦虚的员工，让部门的同事多多互帮互助，共同成长。

事后，张经理私下找小光进行了谈话，问他为何不在总经理面前把握机会表现自己。

小光笑道："张经理您说的哪里的话，我并不觉得这件事情的功劳在我。一个提案的成功与团队密不可分。我只不过是在这个岗位做了这个岗位应该做的事情，况且历史数据本来就是源自公司，我也就是整理了一下。"

张经理听了小光的说法，眼神中满是欣慰："小伙子，加油干！广告业迟早有你的一片天空。"

果不其然，没过多久小光就转了拓展组，业绩一路狂飙，成

第七章 职场即社会：工作中的人际交往心理

为新成立的项目小组的组长。后来，小组同事群策群力，有一个大型公司的项目，整个小组历时三个月才完成，结果提案中出现了严重的数据错误。客户公司看在小光的面子上允许修改后重新送。

虽然客户公司没有追究，但是公司内部却让小光交代是哪位同事工作出现了纰漏，一定要通报批评并罚当月绩效工资。

小光跟部门经理说道："虽然出现数据误差那个同事有责任，但我作为他们的组长，没有进行最后的审核和校正，我自己也有责任，而且是主要责任。如果领导要罚，还是罚我吧。"

领导们心知肚明，知道是下面员工犯了错，是小光在揽责，只好说道："好在客户公司给了修正机会，如果能够顺利中标，就算将功补过吧。"

犯了错的那个同事知道小光替他揽了责，自发地加班，赶在时间节点之前把提案修正完毕。事后，小光团队顺利拿下代理资格。

部门根据几个小组长的工作能力，发了不菲的奖金。结果小光将这笔奖金拿了出来，作为团队建设费用，并说道："感谢大家的努力，没有大家的日夜奋战，我们也难以拿下这个项目，我为你们感到骄傲。"

小光在公司一路高歌猛进，四年不到的时间做到区域总监，成为公司里有史以来最年轻的区域总监，为公司服务的几年里，多次获得集团优秀员工奖。

小光就是这样一个懂得推功揽过的人，在自己还是员工时，懂得将自己的成就归于公司、归于领导；自己当上管理层之后，懂得将错误归于自己，将荣誉归于团队。在他身上，我们看到了职场社交里，推功揽过的典范案例，这就是小光能够成功的原因。

说到这里，我忽然想起一则小故事：

一只黑猫好不容易抓到一只老鼠，最后把玩一阵后将老鼠放了。黄狗见了，十分不解地问道："你好不容易抓到的老鼠，怎么给放了呢？"黑猫笑道："我跟我的头儿一起到这片区域抓老鼠，现在他连一根老鼠毛都没捞到，我怎么能抢他的风头呢？刚才放掉的那只老鼠已经被我追得筋疲力尽了，相信头儿很快就能抓到它！"

要我说，这只黑猫绝顶聪明，你觉得呢？